キリスト教
カウンセリング講座ブックレット15／[監修]賀来周一・斎藤友紀雄
[編]キリスト教カウンセリングセンター

人生の後半戦とメンタルヘルス

藤掛 明＝著

キリスト新聞社

刊行の言葉

アメリカの実践神学者W・ウィリモンは、現代文明の特色として「いやしの文化」を挙げています。身心のいやしに過大な価値をおく文化です。それはとりもなおさず現代人の生を崩壊に導くような心の現状が広範に存在していることを示しています。

正に「雲と密雲の日に散らされた群れ」が「飼い主のいない羊のように弱り果て、打ちひしがれて」いる状態です（エゼキエル34・12、マタイ9・36）。現代人は発達段階に伴う危機や人間関係、社会構造や行動様式、自らの気質や体質、病やある種の観念のストレスやパニックに迫られて、密雲のただ中に立ちすくんでしまうのです。

このような深刻な現実の中で、カウンセリングが注目され、実践されるようになって既に久しく、ますますその役割が増しているのが現状です。そして私たちがあえて「キリスト教」カウンセリングを求めるのは、それが単に一般的意味での医学的・心理学的・社会学的な科学的知見に基づいた援助といやしの技術・実践にとどまらず、人生そのものを統合的に把握することの重要性を、聖書と現実から示されているからです。誤解を恐れずに言えば、「心」だけでなく「魂」として、すなわちメンタル（精神的）なものだけでなく、スピリチュアル（霊的）な人間の実相を視野に入れるということです。

カウンセリングもまた、人間に関わるものである限り、根底に世界観・人間観・価値観が、多くの場合隠れた前提になっていますから、いわば哲学的・神学的な問題を含んでいます。「どうなればいやされたことになるのか」「生と死の意味とは」「いやしと救いはどう違うのか」等々。

これらの問題意識をも視野に入れながら、カウンセリングが愛の業として隣人に関わっていけるために、その基本的で正確な理解、研究成果や実践事例を一般の人々、殊に信徒の方々と分かち合い学ぶために、このブックレットのシリーズは企画刊行されます。これらはカウンセリング講座や研修のテキストとしても用いられますが、そのような機会に恵まれない方々にも活用されて役立つようにと意図されています。専門のカウンセラー、医師、臨床心理士、牧師、教育者、研究者である執筆者たちも皆、クリスチャンの方々で、できるだけ平易に書き、共に有意義な学びができるようにと願っています。

キリスト教カウンセリングセンター理事長

今橋　朗

目次

はじめに

私は心理カウンセラーをしています。

ある年、カルト宗教集団による無差別テロ事件が起こりました。私は関係者の一人を担当し、連日面接をしました。その仕事が無事終えた後、不覚にも燃え尽きてしまいました。朝疲れがとれず、起きるのが大変でした。そんなおり、職場の同僚の勧めもあり、熱帯魚水槽をつくることを思い立ちました。そして驚くほど心が潤う体験をしました。

またある時期、刑務所で仕事をしたことがあります。遅発性の犯罪者というタイプの人たちとの面接は、新しい体験でした。彼らは犯罪と無縁にすごし、人生の後半戦で突発的に大きな事件を起こすのです。性格はきまじめですべてに我慢します。しかし、事件を起こす半年くらい前から は、その我慢が限界に達し、心理的な息切れが生じています。本人にはその自覚がないのですが、おもしろいことに、軽微な交通違反などその人らしくない失敗を日常の中で反復し始めます。それはまるでＳＯＳサインのようでした。

本書では、たとえば熱帯魚水槽の恩恵に浴したり、たとえば軽微な交通違反に注目したり、このような日常の「ありきたりのなにか」に思いを凝らしながら、私たちのメンタルヘルスや生活管理を考えてみたいと思います。

本来なら、理念やモデルに基づき、自己洞察と努力で、メンタルヘルスや生活管理を推し進めるのが理想かもしれません。しかし、それはどこか窮屈で、本当にピンチで気持ちがぼろぼろのときには役に立たない気がします。むしろ人の無力さを前提に、習慣や他者との語らいなどを支えに、自然体で日々の生活を一歩ずつ歩んでいくほうが好ましいように思うのです。

本書を通して、思いがけなく自分の今の姿を眺め直したり、人によっては人生の転換点に備えたりすることができましたなら、著者として望外の幸せです。

第1章　ストレスとメンタルヘルス

〈理解編〉

1　ストレスとどうつきあうか

心理カウンセラーの経験から

皆さんはご自身のストレスとどのようにつきあっているでしょうか。

本書では、私たちのストレスとのつきあい方や、健康な心の持ち方について考えていきたいと思います。こうしたテーマについては、いろいろな角度からのアプローチがありますし、そもそものストレスの定義から始めて網羅的にあるいは学術的に解説する方法もあると思います。(注1) しかし、ここでは実際にストレスに苦しむ人に役立つ事柄をコンパクトに扱っていきたいと考えています。それは笑い話のようですが、「ストレス対策の詳細な厚い本を読むこと自体がストレスだ」と嘆くことのないように、私の心理カウンセラーとしての経験からとくに大事だと感じていることとを簡潔にお伝えすることを心がけました。

信仰とカウンセリング

またストレスを考えていくうえで、信仰があれば心理学の力を借りる必要はないと言う人がいるかもしれません。私は両者の関係について次の比喩をよく引き合いに出します。

ある著名なクリスチャン精神科医が使ったたとえなのですが、人は神様なしでは何もできず、海でおぼれているようなものだと言うのです。しかし、人には福音という救いが、浮き輪のように与えられています。ですから、それにしがみつけばよいわけですが、それが分かっていても、腕が痙攣していて、うまく浮き輪をつかめないときがあります。そういうときには、腕にマッサージを施すのが、心理カウンセリングの役割だというのです。

もっといえば、現代人は、大なり小なり痙攣した腕を持ち苦悩しているとも言えるように思います。本書では、私なりの「マッサージ」の経験を振り返りながら、人が本来の浮き輪にうまくつながっていけるためのきっかけやヒントを提供できればと思っています。

ストレスはあって良い

私は大学の教員として、若者たちからいろいろな刺激を受けることがあります。

あるとき、カウンセリングに関する授業の最後に、受講学生に自由に授業の感想を書いてもらいました。というのも、毎回、学生たちの授業への反応がとても良く、私の講義のどこに特に関心を持ったのかを聞きたいと思ったのでした。

ところが、六〇人くらいいる学生のうち、一〇人くらいが、「失敗しない人になるのでなく、失敗してもそれを受け止め、再出発できる人になるのが大切」という先生の言葉が印象に残っていますと書いてきたのです。その言葉は、一五コマの講義の骨子とは無関係で、たまたまある講義で時間が余ったときに急遽付け足しで発言したものでした。

そうか、あれだけ手を掛けて盛り上げた心理テストの体験でも、グループワークでもなく、ほんの一言しゃべった「失敗しない人にならなくてよい」というセリフが感銘を与えたのかという、意外な（そして少しがっかりな）結果でした。と同時に、それほど現代社会は、「失敗しない人」であれと人に呪縛をかけているのだと思い知らされました。

繰り返しになりますが、失敗はあってもよいのです。それにどう対処するかが肝心なのです。これはストレス理解にも通じる大切なポイントです。

その理解の基本として、ストレスはあってもよいものだということを強調したいと思います。ないとおかしいということです。ストレスがあるのが問題ではなく、あることを前提として、それにいかに対処していくかが肝心なことなのです。

すべてがうまくいき、ストレスがなくなることを考えすぎると、そうならないときに、大変困ってしまいます。ストレスはあるのが普通であり、あってかまわないのです。私たちはいかにストレスがあろうと、与えられた状況にあわせて、（それも思い通りにうまくいかないときにも）自分の取るべき対処方法を考えていけばよいのです。

神様は、大きな平安を与えてくださいますが、それは何事も起きない無風な人生を送る平安ではなく、どのような境遇の中にあっても希望をもって生きていける平安なのだと思います。

楽しいこともストレス

実はもう一つ大事なことがあります。それは楽しいことや成功もストレスになるのです。意外に思うかもしれませんが、そして実感がわかないかもしれませんが、これらもストレスになると考えてください。

進学や就職も、結婚も、出世も、そのほかいろいろな楽しみや成功の出来事も、やはりストレスを人に与えるのです。そこでは、環境が変わり、新しい状況に合わせて膨大な心のエネルギーを使うことになります。ですから、「嬉しいことが次々に起きているのだから、もっと喜び、元気でいるべきだ」と決めつけてはなりません。むしろ注意が必要だと思います。

私たちは、ストレスを過剰に警戒し避けることも、ストレスに無関心になって「頑張ればいいんだ」とすませることもしがちです。そうではなく、自分の置かれている状況や自分の心身のコンディションをその都度自覚し、点検していくことが必要なのです。

2 別れとストレス

「別れ」がストレスに影響

心理学の研究で、人生のいろいろな出来事を取り上げ、それらの出来事のストレスの度合いを点数で表すものがあります(注2)。

この研究では、「配偶者の死」をいちばん強いストレスのかかる出来事として一〇〇点とし、他方「結婚」を五〇点とします。そして、この二つの出来事を参考にして、ほかの人生の出来事の点数を大勢の人に回答してもらい、その平均点をストレス得点として算出します(表1)。

こうした研究結果をみると気が付くことがあります。それは、上位得点に、様々な「別れの体験」が並んでいることです。確かに配偶者との死別は、最大のストレスですが、配偶者でなくても、大切な人との別れはどの場合も私たちに深刻なダメージを残

表1　ホームズらによるストレス得点（社会的再適応評価尺度）

出来事	ストレス得点
配偶者の死	100
離婚	73
配偶者との別居	65
拘禁や刑務所受刑	63
家族の死	63
自分の怪我や病気	53
結婚	50
失業	47
婚姻上の和解	45
退職	45

＊注2の文献から上位10項目を掲載。

します。

別れの事情もいろいろある

このようにストレスの高い人生の出来事を、とりわけ別れの体験を意識することは、自分のいま負っているストレスを自覚することに役立ちます。

そして、個々の「別れの事情」もまた大きな影響を与えていると感じます。

まず「別れた人」との親しさの度合いによって受けるダメージは異なります。親しいほど、その人との別れは大きなダメージになりますし、その親しい相手が誰であるかによって、そのダメージのニュアンスも変わってきます。「親の死、それはあなたの過去を喪うこと。配偶者の死、それはあなたの現在を喪うこと。子どもの死、それはあなたの未来を喪うこと。友人の死、それはあなたの人生の一部を喪うことだ」(注3)という有名な言葉がありますが、離別した人ごとのニュアンスをうまく説明していると思います。

また別れの際の、与えられた「時間」によっても異なります。長期間の病気療養を経た場合よりも、突然の死のほうがダメージはより大きくなります。時間がないと、別れるための心の準備ができないからです。

そして別れる「理由」によっても異なります。病気よりも事故に巻き込まれるなど理不尽な理由による死別のほうがダメージはより大きくなります。その最たるものは、自死による別れです。まだ社会的、宗教的な偏見がありますし、当事者は自責の念を過度に刺激されるので、事態を受け入れることが大変難しくなるからです。

ほかの別れもある

また死別でなく、生別でも、大きなストレスの体験となります。転居や転勤などは、こうした別れになります。また、同じ生別でも、失恋や、喧嘩別れなど、心に収まりの悪い別れもあり、当然のことながら、大きなストレスになります。

さらに、人との別れ以外にもいろいろな別れが存在します。たとえば病気です。これは健康だった自分との別れです。歳をとる。これは若さとの別れです。私も、ある朝、自分の老眼に気がついたときは、老化をつきつけられたようで、大変ショックでした。このように私たちは日々、いろいろな別れを体験させられているのです。

牧師と別れのストレス

普通、親しい人との死別体験をすると、それを癒し、回復するために、悲しみの感情を十分に吐き出し、その後ゆっくりと時間をかけて心の収まりをはかっていきます。そうした行程に多くの時間がかかっても不思議ではありません。そのくらい別れのダメージを癒すのは、繊細で、時間をかける必要のある作業なのです。

私は牧師ほどストレスに満ちた仕事はないのではないかと思っています。それは、仕事の範囲が広くて忙しいからとか、信徒の種々の相談に対応する難しさがあるからという理由ではありません。牧師ほど多くの信徒の最期を心から看取る職業はないと思うからです。もちろん、信仰者には、天国の希望がありますが、それでもやはり別れのストレスはついて回ります。

私たちは、自分に対しても、他人に対しても、別れの体験にもっと留意し、その回復をはかるための時間と配慮をきちんと用意したいと思うのです。

そして注目したいのは、人が人生の新しい段階に進むときには、多数の別れが同時に起こりやすいということです。ですから逆に、次々と大きな別れを体験させられるときには、自分の人生が新しい段階に進もうとしているのだと考えることができます。それは厳しく悲しい体験かもしれませんが、必ず人生の新しい風景が待っていることに心を留めていただきたいと思います。

3　頑張る人ほど危ない

本当に危ないのは

頑張る人ほど危ない。なぜなら頑張る人ほど、自分の心理的な息切れ状態に鈍感になりやすいからです。多少の障害があってもへこたれず、頑張ってそれを乗り越えようとする姿勢は尊いのですが、自分の許容量を無視して頑張っていくと、とんでもないことになります。

そもそも、自分に鈍感になっているわけですから、自分の状態をなかなか自覚できません。「今の自分はすっかり心が消耗して、疲れ切っている」（情緒的消耗感）と自覚したときには、もう燃え尽きて、倒れる寸前なのです。ですから息切れの自覚がないからといって安心できません。ある研究では、燃え尽きる予兆として、多くの人が「他人に関心がなくなり、人と会うのがおっくうになる」（脱人格化）また「日々の仕事にやりがいを感じなくなる」（個人的達成感の低下）といった気持ちがまず表れると報告されています。(注4) 私たちはそのような段階から、早めに自己点検を始めることが必要になります。

背後には悪循環がある

頑張る人ほど危ないと述べましたが、その背後には強力な悪循環が形成されます。

まず私たちは、スーパーマンではありませんので、いつも頑張り、いつも調子良くいくということはありません。いつのまにか自分の限界を越えてしまい、息切れ状態になってしまうことがあります。そうなると、目標や課題を思うとおりに達成できない、いらいら感や焦りが出てきます。自分らしくない失敗やミスを連発したりもします。

そのとき、余裕のある人は、そこで立ち止まり、自分を点検したり、課題を修正したり、休養したり、あるいは人に相談したりして、仕切り直しを行ないます。ところが、余裕のない人の場合、自分がよもや息切れしているという認識がありません。むしろ、今思わしくない状況にあるのは、自分の頑張りが足りないからだと考えてしまいます。その結果、本当は減速したり、休んだりしなくてはいけないのに、逆にアクセルを踏みます。強行突破しようとするわけです。

そうなると、息切れがますます強まりますが、まだ自分の頑張りが足りないとさらにアクセルを強く踏んでしまいます。そのために、さらに強い息切れを招いてしまうのです。そのように、頑張りと息切れの悪循環が、雪だるまを作るように、回転しながら脹らんでいきます。そして、許容度を大きく越えて、ある日突然に燃え尽きてしまうのです。

使命感だけでなく

同じ「頑張る人」といっても、筋金入りの頑張る人たちがいます。それは、指導者や対人援助職に就く人たちです。また、信仰者も、それに加えることができると思います。そこには「使命感」とも呼べる、非常に積極的な生き方があります。

この「使命感」や「積極的な生き方」は、大切なものですが、それればかりが膨張していくと思わぬ落とし穴が待っています。それは、自分の活動や奉仕が評価され、拡大していくなかで、次第に「使命感」が暴走してしまうことがあるからです。そしてその使命感自体は、理想に基づくもので、文句のつけようがないので、歯止めがききません。ですから私たちは、車の両輪のように、「使命感」と同時に「自分の限界」への感受性というものを大切にし、たえず双方に目配りしていく必要があるのです。そうするならば、自分の頑張り方を、常識的に点検することができるでしょうし、自らの謙虚さを養い育てていくこともできるのです。

本当の使命感

ある方からはこんな反論があるかもしれません。

少し無理をしてでも使命に突き進むことは良いことではないか。神様にあって、可能性を積極的に考え、高い目標に挑むことはむしろ奨励されるべきだ、と。

たしかに、そのような面はあります。ただ事態をいたずらに楽観視し、自分の信ずる目標を絶対視しはじめると危険です。「これさえ手に入れれば、すべてはうまくいくはずだ」という思いにとらわれるときは注意が必要です。

本当の使命感というのは、はるか彼方を見るだけでなく、自分の足下も見ます。状況の否定的な面も、また自分の弱さや問題も十分に直視します。それらを認めた上で、それでもあえて積極的に考え、自分を振り絞るかのように神様のご計画の可能性を見上げていくのです。

私たちは、どのような使命に生きるにしても、自分の弱さや限界をきちんと認めた上で、神様に信頼し、いわば「良い意味で開き直る」ことこそが、真に積極的な生き方を続ける秘訣なのです。

4　SOSサインをキャッチ

身近な人からのチェック

人は忙しいときほど自分に鈍感になります。心理的な息切れが深まってもそれを自覚できず、アクセルを踏み続けてしまうこともあります。だから、自己判断だけに頼らず、普段から、いろいろなかたちで自分のコンディションを知る方法を身に付けておくことは、いざというとき大変役に立ちます。それでは実際にはどのような方法があるのでしょうか。

第一に、身近な他者からチェックや助言を受けることです。

多くの人は、家族から、「今日は疲れた顔をしているね」とか「最近、忙しすぎて無理をしてるんじゃないの」という言葉をかけられ、そうかもしれないなと素朴に気がつくことがあるのではないでしょうか。これは大切な自己点検のきっかけとなります。

また、家族以外でも、友人や職場の同僚などがそういう役割を果たしてくれることがあります。家庭内よりも外のほうが弱みを見せないように取り繕っているはずなので、他人からの指摘はより重い意味があることが多いと思います。

あるとき、私は、ある知人から電話をいただいたのですが、短い時間ひととおり話し終わると、先方から、お風邪ですね、と言われました。私は風邪ではありませんでしたが、体調がいつもより不良であり、それも周囲から心配されるほどであることに思い至ったことがありました。

自分のSOSサイン

第二に、自分のSOSサインを自らチェックすることです。

人は、息切れが深まると本人の自覚に関わりなく、その人特有のSOSサインを出すようになります。ある人は頭痛がひどくなり、ある人は遅刻が増えます。そのサインはいろいろですが、いつもと違うエピソードを起こすことで、SOSを知らせてくれます。それをあらかじめ承知しておき、いざそのサインをキャッチしたときに、理屈抜きに生活を減速させ、自己点検をするのです。

ＳＯＳサインについてまず私の例を紹介します。

私は忙しくなって一定のラインを越えてしまうと、不思議と「ちまめ」（血豆）ができます。「ちまめ」だけでなく、ツメの先がぎざぎざになることもあります。おそらく、忙しさのなかで、ドアの開け閉めも、梱包物の開封も、知らず知らずのうちに乱暴になり、その結果、指先を痛めてしまうのだと思います。だから「ちまめ」は、私にとって、減速運転しなくてはならない警告サインになっているのです。

ここで大事なのは、「ちまめ」のＳＯＳサインは、私自身、まだそれほど大変だと自覚していないときに出るということです。たしかにいつもより忙しいのですが、ここで頑張ればなんとかなるだろうと思っているときに出ることが多いように思います。しかし、私は経験則から、自分の自覚よりもＳＯＳサインのほうを重く見るようにしています。ですから「ちまめ」を見たら、理屈抜きに休息をとったり、自己点検の機会とするようにしています。

サインと警告の程度

他にも私のＳＯＳサインはいろいろあります。滅多に起きないことですが、ダブルブッキングや転倒といったものもあります。「ちまめ」がイエローカードだとすると、これらはレッドカードにあたります。かなり深刻な息切れの段階にあるときに出るサインであるということです。

逆に息切れの入り口で早めに出るサインもあります。それは、意味なく夜更かしをすることであったり、会話で誇張した表現を使いすぎて後悔することであったりします。

このようにＳＯＳサインは個人ごとに実に多彩にあり、またサインの種類によって、その警告の程度も異なってくるのです。

サインの見つけ方

さて、このようなＳＯＳサインは、忙しさの渦中であわてて探すものではありません。比較的余裕があるときに、あらかじめ考えておくことをお勧めします。自分の過去の生活をふりかえり、ＳＯＳサインだったと思われるものをいくつも拾い出すのです。

これに加え、家族や友人に指摘してもらうことも役立ちます。案外、身近な人は、その人のＳＯＳサインを素朴に知っているものです。また互いのＳＯＳサインをわかちあうと、他人の披露するサインを聞いて、それは自分にもあてはまるという発見もあります。これもまた大切な見つけ方です。

身近な人からの言葉掛けを受け止め、またＳＯＳサインにより自己管理を行なうことは、現実生活を支えることに大きく貢献します。そればかりでなく、これらの作業は、自分の弱さをきちんと見つめることにつながりますので、自分の心と魂を見つめる機会ともなります。

5　ＳＯＳサインの恵み

前節では、自分の忙しさや息切れを自覚するための方法として、身近な他者からのチェックを受けること、そして、自分のSOSサインをチェックすることについて考えてみました。とくに後者のSOSサインをチェックするという発想はなじみのないものなので、実際の活用法についてもう少し説明したいと思います。

SOSサインの三タイプ

SOSサインは、三つのタイプに分けられます。

第一は、身体反応です。SOSサインが身体にあらわれることで、「不眠」「食欲不振」「湿疹」「胃痛」「肩こり」「頭痛」「腰痛」など個人によっていろいろです。カウンセラー仲間を見ると、「顎関節症」「ドライアイ」「帯状疱疹」などがけっこうサインとなっている人が多いように思います。もっとも、同じ身体症状でも、純粋に身体疾患によることもありますので、注意が必要です。

第二は、精神状態に出る場合です。SOSサインが、心にあらわれることで、「判断力の低下」「悲観」「いらいら感」「無気力」などが見られてきます。これも、個人によっていろいろなあらわれ方をします。

第三は、行動化です。SOSサインが、行動にあらわれることで、「多弁・無言」「金遣い」「遅刻」「忘れ物」「粗暴化」「大酒」などで、これも人によっていろいろです。私のSOSサインでいうと、「無意味な夜更かし」「ダブルブッキング」「転倒」などはこのタイプに属します。

ここで特に注意したいのは、行動化のサインです。身体反応や精神状態のサインの場合は、周囲の同情もひき、休むことがしやすくなります。しかし、行動化のサインの場合は、ただの身勝手なエピソードにしか見えません。そのため、周囲からは非難されますし、当人も気を引き締めてさらに頑張ろうとしますので、本来は生活にブレーキをかけるべきところ、ますますアクセルを踏んでしまうことになります。ですから、SOS サインの内でも、自分の行動化のサインをチェックしておくことが非常に重要になります。

どうしても休めないとき

SOSサインが出たら休むのが大原則なのですが、実際には休めない場合も多いのではないかと思います。そのような場合にはどうしたら良いのでしょうか。そのような場合であっても、「今、危険な状態にいること」を自覚しながら、過ごすことです。自覚があるのとないのでは同じようなスケジュールをこなすのでも全然違ってきます。

私の場合ですが、あるとき羽田空港で派手に転倒しました。地方の講演に行く際、ギリギリで飛行機に飛び乗ろうとして、いつもより重いスーツケースにバランスを崩してしまったのでした。これはレッドカードの警告サインです。だからといって講演をキャンセルするわけにはいきませんでした。そこで、そういう状態なのだと自覚、自戒しながら、その講演旅行を大過なく過ごすことができました。早めにホテルに入り、睡眠を多めにとり、ミニ観光を取り止めるなど、小さな工夫を行なうことができたからだと思います。

SOSサインの恵み

最後にSOSサインのもたらす恵みについてお話ししたいと思います。

あるとき、海外宣教師として困難な環境で活躍している日本人女性とお会いしたことがありました。メンタルヘルスの点検をするための面接を希望され、その方の求めに応じて心理テストをとらせていただきました。その心理テスト結果は予想外のものでした。というのも、心身症的な傾向（心理的ストレスにより、身体に変調が現われる傾向）が強いことを示唆するものだったからです。私はとまどいながらその結果をフィードバックしました。するとその方は穏やかな表情で、「そのとおりです。私には、中学生の頃からずっとそれが大きなテーマでした。信仰をもってそのような弱さを受け止め、体調を点検しながら、いつも自分の弱さを自覚し、先手を打って休んだり、目標を下げたりして、自分の力に頼らないように心がけて宣教地でも働いています」と話してくれました。SOSサインは弱さの証なのですが、自分の弱さを受け入れている人こそ、本当に強い人なのだと思わされました。

パウロが、キリストの力が自分をおおうために、「大いに喜んで私の弱さを誇りましょう」（二コリント一二・九*）と告白していますが、まさにそのとおりです。

*聖書の引用は基本的に新改訳に拠っています。

〈対処編〉
6　気晴らしの大切さ

ここからは、ストレスに対する実際的な対処法について考えていきます。最初にとりあげるのは、ストレス発散のために気晴らしをすることの大切さです。あまりに当たり前のことで、がっかりなさった方もいると思いますが、実はこれは奥が深いのです。心理カウンセラーの私からすると、最重要の課題だと思っています。

気晴らし行動とは

まず気晴らしをはかるための行動は、訓練や修行が必要な高尚な趣味とは異なります。なるべくささやかで、しようもないものが良いのです。

たとえば、星を見る。石を拾う。散歩する。テレビのドラマを見る。ブログやフェイスブックを見る、書く。手紙をやりとりする。音楽を聴く。風呂場で鼻歌を歌う。友人とおしゃべりをする。小説を読む。好きな菓子を食べる。スーパーで買い物をする。ペットをかわいがる。お気に入りの服装をする。旅行をする。スポーツをする。スポーツを観戦する。日記をつける。花に水をやる。などなど種類は無限に広がっています(注5)。

大事なのは、たくさんの気晴らしのための行動を持つことです。有効なものを精選して持つのではなく、とにかく数多く持つということです。気晴らし行動をたくさん持っていると、どこでも小刻みにそれらのどれかを使うことができます。自宅付近を散歩するのが好きな人がいたとして、病気で入院したら、もうそれができなくなります。病室でもできる他の気晴らし行動があればそれを行なえばよいのです。それはイヤフォンでラジオや音楽を聴くことだったり、友人や家族にメールを出すことだったり、これも人それぞれですが、無限にあると思います。

気晴らし行動の見つけ方

それでは気晴らし行動を増やしていくにはどうしたらよいでしょうか。あまりまじめに考え過ぎて、それがストレスの源になってしまっては元も子もありません。増やすための最大の方法は、日頃の生活のなかで、遭遇した出来事から自然体で気晴らしになることを探し、採用していくことです。身近な人のまねをするのもお勧めです。気晴らしの種はそこいら中にころがっています。要は、すこしでも、「良いな。潤うな」と感じることのできるものを拾い出せばよいわけです。

繰り返しになりますが、採用する気晴らし行動は、できるだけ、ささやかで、しようもないものが理想です。周囲からすばらしいと評価されるようなものは（そういうものがあってもよいのですが）あまり気晴らしには役立ちません。よく家族から「そんなことして…」と言われて、水をさされることがありますが、そういうもののほうが気晴らしに役立つように思います。一般に、男性のほうが気晴らし行動の数が少ないと言われていますし、増やすのも下手だと言われていますが、このあたりの事情に関係しているのかもしれません。

気晴らし行動の増やし方のコツは、日常生活の中で見つけること、そして周囲から評価されなくても気にしないということです。

素の自分を味わう

なぜ、気張らしの行動が必要なのでしょうか。それは、一言でいえば、素の自分を味わえるからです。

私たちは、社会生活や家庭生活をおくるなかで、いろいろな役割を担っています。また信仰者という役割を担うこともあります。それらは社会的に成長するために必要なことですし、そのことを通して、自分らしさを感じることもできるのです。

しかし、役割をうまく担っている自分だけが、自分のすべてではありません。役割から外れた、あまり使わないで捨ててきたまったく別の自分らしさもあり、それも大切にされるべきものなのです。

ですから、私たちが、日頃考えている自分らしさにだけ目を奪われ、自分の担っている役割にばかり縛られてしまうと、自分の全体性が損なわれ、窮屈さや行き詰まりを感じることになります。それは常態的なストレスになっていくことでしょう。

それを防ぐために、お気に入りの、ささやかな気晴らし行動をお勧めしています。そのことで、一瞬でも、普段の自分とは異なる素の自分を感じることを心がけるのです。気晴らし行動は、とかく一面的になりやすい人生をときほぐしてくれる格好の刺激剤なのです。

7　視野を広げる

視野が狭くなる

私たちは、疲れているときほど、物事を冷静に見ることが難しくなります。ストレスに苛《さいな》まれているときほど、打つ手を間違え、状況を混乱させてしまうことがあります。なぜならそういうときほど心理的な視野が狭くなっているからです。

それはボクサーになぞらえることができます。ボクサーは、試合中、完全な負け試合であっても自ら棄権するようなことはしません。相手の連打を受け続け、リングに立ち続けるのが危険であっても、けっして「自分が負ける」とは思いません。命がけで戦い続けます。ですから、規則では、本人以外の人が白タオルをリングに投げ込み、無理やりストップをかけられるようになっています。しかし、白タオルを投げ込まれたボクサーは「ほっ」となどはしません。不本意なままに、戦うことをやめるのです。状況を判断する力は彼にはもうないのです。

これは、私たちの危機場面にもあてはまります。自分の実力を超えた苦戦が続き、もはや頑張るだけではどうしようもなくなったときに、私たちは心理的に視野狭窄とでも言えそうな状態に陥ります。そうなると、現在の状況から退き、発想を転換したり、まったく新しい解決策をとったりすることができなくなります。皮肉なことですが、頑張る度合いの強い人ほど、この視野狭窄状態に追い込まれがちなのです。

助言をしなくとも

カウンセリングを受けに来られる方もまた人生の危機を迎え、視野を大変狭めています。意外と思われるかもしれませんが、カウンセリングは具体的な助言や解決策の提案などをしません。助言や提案をしないで何をするのかと言われそうですが、あえて言えば、クライエントの選択肢を広げることを積極的にお手伝いします。

不思議なことに、視野が広がり、選択肢が増えたとき、多くの人は自分で問題を解決していくようになります。すぐに解決が果たせなくても、今自分がどのような状況におり、何が問題となっているのかを、広い視野で受け止め直していくわけです。心に余裕ができ、ストレスのダメージから確実に回復に向かいます。

三つの手がかり

それでは私たちが広い視野を手に入れるにはどうすればよいのでしょうか。

第一に、「例外」を探すことです。私たちは、問題の渦中にいると、いつもその問題が続いているかのように思ってしまいます。しかし、印象はそうであっても、二四時間、三六五日、その問題が起き続けているわけではありません。探してみると問題が出現しないときがあり、うまくいっているときがあるのです。たとえば、ある人物と口論ばかり繰り返していると悩んでいるとします。その場合、探せば、そうではない、穏やかに会話する場面があるはずです。そうした例外がどのような状況のときに起きるのかを分析してみることです。そこから新しい手がかりを見つけることができます。

第二に、「もしも」を考えてみることです。私たちは、解決に向けて、本来多くの選択肢を持っています。しかし、多くの場合、そうした選択肢の可能性を真剣に考えることはしません。内心これはありえないと思って、早々にその選択肢について蓋をしてしまっているのです。しかし、その選択肢について、「もしも」と具体的に想像してみると、それまで考えてもみなかった状況や可能性が見え、実はそうした選択もあり得ることがわかってきます。

第三に、物事の肯定的面を積極的に見つけてみることです。一見マイナスの出来事であっても、そこには肯定的な面が必ずあります。完全な成功や完全な失敗というものはそうはありません。多くは、一〇〇点でもなく〇点でもなく、その中間であるのです。物事の肯定面を見ることは、確実に視野を広げてくれる方法です。また、私たちが事態をこじらせ、問題を深刻化させるときというのは、私たち自身が、内心自分の失敗や劣勢を過剰に受けとめて、焦燥し、一か八かといった玉砕の姿勢を強めてしまうときなのです。ですから肯定面を見つけるというのは、玉砕の暴走を和らげる効果もあります。

例外探し。もしもの想像。肯定面をみる視点。これらの手がかりはいずれも、私たちの視野を広げることを助けてくれます。そして、ストレスに満ちた困難な状況にあって、周囲を変えるのでなく、自分の視野を広げ、いわば自分自身を変えることで、新しい展開に進むことができることを教えてくれるでしょう。

8　個人的な儀式を作る

入院の経験

ある年のこと、私は体調不良で緊急入院をしました。二日くらいすると熱も痛みもおさまりましたが経過観察をする必要があるため、さらに五日くらいをその病室（個室）で過ごすことになりました。何もない一日はたいくつで、ぼーっとするばかりで途方に暮れてしまいました。ただ、食事が三回、看護師の検温などが三回、時間が決められており、それらが一日の大切な節目となりました。

やがて、いろいろな日課を自分で作るようになりました。決まった時刻のテレビ番組。午前の図書コーナーでの本の借り出し。午後の中庭での散歩。夕方の読書。夜の（普段書かない）日記と、メールの返信。日課がほどよく増えるに従い、心の張りが回復し、体調のことを集中して心配する時間とそうでない時間のメリハリも生まれましたし、ほどよい充実感を味わうことができました。人の心が、一日の様々な節目によっていかに支えられているのかを実感した体験でした。

考えてみますと、入院だけではなく普段の生活も、朝起きてから、夜に寝入るまで、いろいろな日課がつらなり、ほどよいメリハリを与え、心を支えてくれているのではないでしょうか。

日常を守るために

一週間も、そうです。一週間の所々にある節目が私たちを導いてくれます。日曜日に教会に行き、月曜日にゴミ出しがあり、水曜日にお気に入りのテレビ番組があり、木曜日に重要な会合があり、といったように、その日のその時間になると、一週間の自分のペースを感じたり、考えたりすることができるようになっています。

同じように、一カ月も、一シーズンも、一年も、それぞれに節目がたくさんあります。年末年始や誕生日もそうですし、季節の区切りや祭日、さらに宗教的行事など、実に多彩に用意されています。これらは、ほどよく立ち止まり、自分が考えるべきテーマをほどよく思い起こし、ほどよく振り返り、ほどよく洞察したり実行したりする格好の機会になっているのです。

私たちは、忙しいときほど、この日常の節目を守る努力をすることが大切になります。忙しくて非常事態だから、すべてをとっぱらって頑張るというのは実は大変危険なことです。多少無理をしても、いつもの自分の節目を意識的に守ることは、メンタルヘルスのうえで大切なことなのです。

儀式を作る

またこの節目を利用することを一歩進めて、自分で意図的に節目を作り出していくこともお勧めします。いわばオーダーメイドの儀式を作るのです。自分の忙しい生活の中で立ち止まり、それなりに点検する機会を新たに用意しておくのです。個人的な記念日を作ったり、いろいろな名目で食事会やお茶会をしたり、そうしたことが儀式になります。

歌人の俵万智さんの有名な短歌に、「「この味がいいね」と君が言ったから七月六日はサラダ記念日」というのがあります（注6）が、そのように、個人的に堂々と記念日を作ってしまう、そのやり方です。

それから、自分で自分を評価し、ポイントや賞を自分に与えるという儀式も作ることができます。「頑張った自分へのご褒美」というやり方も、何か大変な課題に奮闘した際に、達成後にそのことを手当して、立ち止まる機会を作る工夫になっています。「ご褒美」というと特別なもの、金や時間を投資するものといったイメージがありますが、むしろそれは末節なことで、もっと些細なことでもよいのです。

またこれに近い方法として、「後ろ向きポイントを増やす」という個人ルールを実行している人の話を聞いたことがあります。日頃から頑張り過ぎてしまい、もっと減速しなければならないと考えた結果、本人からすると、後ろ向きな行動をあえて行なえたときは、その行動を記録することにしたそうです。「今日は、残業したほうが良かったかもしれなかったけど、後ろ向きに考えてあえて定時退社した。後ろ向きポイント、一ポイントだわ」となるわけです。これも儀式と言えるでしょう。

ほかにも、ある経験を象徴するような記念品を飾る。記念品を身に付ける。なども、儀式になります。

忙しくなるほど、自己洞察力に頼ることは難しくなります。だからこそ、忙しい生活にあって、ほどよく立ち止まれるように、ぜひ個人の儀式をつくることに挑戦してみてください。

9　喪失の悲しみと儀式

嘆き悲しむ

前節で、心を支えるために生活の節目を大切にし、自分のための儀式を作ることをお勧めしました。ここでは、そうした儀式が、悲嘆（グリーフ）のダメージの手当てにも役立つことを述べたいと思います。

大切な人との死による別れ。この悲しみは、人の経験し得るなかでもっとも大きなダメージの一つです。このダメージから回復するためには多くの時間が必要となります。しかし、私たちは、（当然の思いでもあるのですが）可能な限り短期間でそのダメージから回復したいと願い、時に過去のことを無理に忘れようとします。信仰者の場合、死に勝利する信仰を持つが故に、この傾向が強くなることがあります。

しかし、それでは順番が逆で、先に進めません。本当に回復するために必要なことは、まず故人を失ったことを嘆き悲しむことです。ある意味、その時々の方法で故人を忘れずに嘆き悲しみ続けることで、回復が実現するのです。

社会の用意する儀式

故人を思い、嘆き悲しむとはいえ、喪失した直後を除けば、日常生活を放棄するわけではありません。日常生活を続けながら、ほどよいタイミングと方法で、嘆き悲しむことが必要になります。そのため、人には様々な節目に儀式が用意されているのです。一般的にはまず葬儀があり、喪に服す期間があり、納骨や初盆があり、一周忌や三周忌があったりします。教会でも、葬儀があり、記念会があり、記念礼拝や墓前礼拝があり、同じように嘆き悲しむ節目を設けています。

これらは、故人のためというより、遺族にとって非常に意味があるものとなっています。そこでは、平素の雑事を棚上げでき、集中して故人を思い起こし、嘆き悲しみ、語り合い、心を癒す良い機会となるからです。これらの機会を、内面的な取り扱いを受ける儀式として尊びたいものです。

個人の心の儀式

社会や教会の儀式以外にも、個人的な心の儀式と呼べるものがあります。

先に回復のためには時間が必要だと述べましたが、時間自体に力があるわけではありません。本人が自覚していなくとも、悲嘆を乗り越えていく心の整理と作業を行っているのです。そのなかで、この個人的な心の儀式が生まれてくることがあるのです。私のような心理カウンセラーは、遺族を面接するときには、遺族が自分たちのオーダーメイドの心の儀式を見いだせるように意を注ぎます。なぜなら、人の心も魂も、儀式のような体験に助けられながら、そして象徴的な体験に心を潤わせながら、死別の悲しみを消化していくからです。
＊妻を失った男性が、妻との思い出を長編小説のように毎日書き続ける。
＊老父を失った女性が、老父の遺品の万年筆を持ち歩く。
＊子どもを失った親が、その子どもが好きだった童謡を口ずさむ。

これらはどれも当事者にとって大切な心の儀式です。これは、故人をほどよく思い出し、ほどよく故人と対話し、その時々にふさわしく嘆き悲しむことを可能にしてくれるのです。

ほかにもいろいろあります。オーダーメイドであるが故に無限の可能性があると言えるでしょう。たとえば――故人の写真を飾る。故人の愛した花を飾る。故人の思い出の品を、特別な箱に収納して保管する。故人を記念した式やわかちあい会を開催する。故人の文集を編纂する。故人の思い出の地を訪ねる。故人の好物を食べる。故人の思い出をコラージュ作品（雑誌の写真を切り抜き、台紙に自由に貼り付ける作業）にしてみる――などいろいろです。

心の儀式の諸相

なお、故人を偲ぶ写真や遺品を大切にしたり、飾ったりすることは、けして偶像礼拝ではありません。心の集中力と記憶を自然に引き出すための記念であり、その背後に神様の働きを見るなら、尊い信仰的行為だと言えます。

また、儀式というと、固定させ、永続させるイメージがありますが、個人の心の儀式はもう少し自然体でかまいません。死別の悲しみが癒えていくプロセスの中で、儀式の内容も変化したり、新たな儀式が誕生したりすることは自然なことです。

最後に、個人の儀式は、白紙から新たに突然ひねり出す必要はないということも強調しておきたいと思います。故人を思って、悲しむ心に素直に従って、やってみたいと自然と思いついたり、すでに生まれつつある習慣や試みを積極的に取り込むことが肝心なのです。

10 語り合う

自分のメンタルヘルスを良好に保つための最大の決め手は、他者と語り合うことです。語り合うのは、何か問題を解決するためではありません。ひたすら話し、ひたすら聞くのです。人は語りながら、自分の思いをより深く感じることができますし、新しい可能性に気づくこともできるのです。

本来、教会は、豊かに語り合う場であるのですが、実際には信仰者としての価値観を意識していることもあって、語り合いの場にならず、すぐに答を用意し、問題解決のアドバイスの場にしてしまうことが多いのではないでしょうか。せっかくの交わりの場も、励まし続けたり、模範解答めいたものを指し示そうとしたりすると、話したい人が途中で心の蓋をされてしまうことになります。実際、人は、質問や相談のかたちをとってはいても、それは序論にすぎず、本当に話したい事柄を別に持っていることが多いのです。

たとえば、カウンセラーである私に、「先生。カウンセリングのお仕事は忙しいですか?」と声をかけられたとします。ある方は「仕事を減らし、健康に留意してほしい」という心配をしてくださっているのかもしれませんし、ある方は「先生にカウンセリングを申し込みたいのですが、お願い出来ませんか？」というお願い話が出てくるかも知れません。このように、話題の次に控えている話題が大切なのです。その背後には、本当に言いたいことや聞きたいことが隠れているのです。

こうしたことに無頓着でいると、熱心に言葉を投げかけあっても、本当に伝えたいことが伝わらず、相互に作用しあうものが生まれません。

相互作用とは

皮肉なことですが、カウンセリングの場で、信仰を持った方から孤独を訴えられることがあります。自分はクリスチャンになったが、それまでの未信者の友人とは距離ができてしまい、一方で信仰者同士の関係も良い話が聞けるのだが心が潤わない、というような問題を訴えるのです。

この「良い話が聞けるが、心が潤わない」とはまさに相互作用がない関係の特徴です。相互作用性というのは、人と人との間に生まれるものです。AさんがAという意見を言い、それに対してBさんがBという意見を言ったとします。そうしてA＋Bの意見を聞くことができたというのは相互作用ではありません。AさんがAと言い、それに触発されたBさんがA'というアイデアを思いつき、さらにAさんがA"というアイデアを思いつく。こうしたA'A"が出てくるのが相互作用のある場と言えるのです。こうした関係の中で、人は内面を引き出されたり、予期せぬ事柄を発見したりできるのです。そして、相互作用のある場にいるだけで人は癒される感覚を抱くことになるのです。

こういった相互作用性は、近代科学の見方（客観主義）からは軽視されてきたものです。しかし、心や魂の世界を理解する上では避けて通れない大切なものです。そもそも人間は神のかたちに創造されました（創世記一・二六）。そのかたち（性質）の一つは、神は三位一体で存在される方であるということです。その性質を継承した人間は相互作用の中で存在し、生きていくものとして作られているのだと思います。

語り合うために

それでは、私たちが語り合い、相互作用の世界に身を置くにはどういうことに気をつければよいでしょうか。

語り合うことは、何か深刻なことを話すわけではありません（そういうこともあるでしょうが）。自分らしい体験や感想を素直に話すのです。心豊かな世間話と言っても良いかもしれません。そして、互いに先入観を極力取り外すことが理想です。

また、「自分らしさ」を語るとき、それが自慢話や自己卑下話になることがあります。互いの関係を、上下関係にしてしまわないよう注意することが必要です。自分たちは完全な人間ではなく、互いに、同じような問題や弱さを抱えている者同士であるのだという感覚を持つことができれば理想です。そうすると、自然体の敬意と配慮をもって接することができるでしょうし、時に深い語り合いにたどり着くことがあることでしょう。

何から始めたら良いか迷う方は、すでに与えられている機会や相手を自覚し、大切にすることです。そして、いつも以上に、聞き役になってみることをお勧めします。

11　自分の物語に生きる

自分の物語

同じように困難な体験をしても、人によって、受けるダメージはかなり違います。ある人はうちひしがれますが、ある人はますます前向きな生き方を強めます。そこには私たち一人ひとりの体験の受け止める方が大きく影響しています。ここではこのことについて考えてみたいと思います。

私たちは、困難な状況に遭遇したとき、真剣に自分の体験を振り返り、吟味し、解釈します。すると、そこに点と点を結ぶ流れのようなものが見えてきます。自分の人生のいわば「物語」を意識させられるときなのです。ここでいう「物語」とは、架空の話という意味ではありません。自分の人生や自分をとりまく状況を、自分なりの言葉によって解釈することをさします。そこには模範解答はありません。各人が吟味し言葉にして構築していくものなのです。

たとえば、待ち合わせ場所に、約束の相手が時間になっても現われないとき、待たされた人は、いろいろな解釈を行ないます。Aさんは、相手を約束にルーズな人と評価し、自分を軽視されたと感じて怒るかもしれません。Ｂさんは、相手を多忙な人で、そんななか会いに来てくれようとしていると感謝の気持ちを抱くかもしれません。またＣさんは、移動の途中で、交通機関のトラブルがあったのではないかと心配するかもしれません。これらはそれぞれに物語になっていて、受け止め方次第で無限の物語があり得るのです。

カウンセリングでは、こうした物語に注目します。カウンセラーは、来談者（クライエント）が今困っているのは、従来から作ってきた物語が通用しなくなっているのだと考え、それを新しい物語に書き直す作業を手伝おうとするのです。

二つのこと

困難な状況にいる人の語る物語をうかがっていて思うことがあります。第一に、物語を無理して早く作りすぎてはならないということです。困難さが大きいほど、瞬時に物語を作ることは難しいからです。時間をかけ、時至って作ることが肝心なのです。

よく苦難の直後にもかかわらず、素晴らしい証（信仰者が苦難のなかにも神の計画と導きを感じ、喜びを表明するような）を聴かせていただくことがあります。

しかし、他の人の体験談を、模範解答のように賞賛しすぎたり、固定化させてしまうとしたら危険なことだと思います。自分の体験を物語にすることに焦る必要はありませんし、「今は分からない」と言うことも大切なことなのです。

第二に、いったん紡ぎだされた物語は、硬直化させず、状況の変化とともに、また体験の深まりとともに、刻々と書き直していくべきだということです。

私たちは不完全な人間として、その都度与えられる情報や認識に誠実に応じながら、最善の自分の物語を紡いでいくしかないのだと思います。そして、いったん解釈した物語に縛られることなく、刻々とその都度、書き直していけばよいのです。

オウム事件

ここで唐突ですが、二冊の本について触れたいと思います。

一つは『アンダーグラウンド』(注7)、もう一つは『約束された場所で』(注8)です。いずれも村上春樹によるインタビュー集で、前者は、地下鉄サリン事件の被害者へのインタビュー、後者は、オウム真理教一般信徒へのインタビューとなっています。

被害者のインタビューから伝わってくる物語は実に多彩です。自分の人生の解釈も、事件に遭遇したことへの受け止めもいろいろです。ところが、オウム真理教一般信徒の物語は、恐ろしいほど硬直しているように感じました。もちろん、棄教した人もいますし、今もオウムへの信仰を続けている人もいます。入信の経緯も違います。しかし、自分の人生を解釈するという点においては皆が一様に硬いのです。自分の人生を、これはこうで、だからこうなったと、隅々まで解釈しきっているように私には感じられました。硬直した物語は、今の自分の心について鈍感にさせてしまうのです。

なんでもすぐに分かった気になるのも問題ですし、分かったと思ったことに縛られてしまうことも問題です。だからこそ、私たちが真実な物語を紡いでいくために、状況や気持ちが変化していく中で、自分の心に絶えず耳を傾けていく必要があると思います。それも「今は分からない」ことと「いったん分かったことを書き直すことがあるかもしれない」ことを大切にしながら。そうすることで、困難な状況下での私たちの生き方も変わってくるのです。

12　二つの世界を見つめる

神の計画と人の努力

人は困難を感じ、余裕がないときほど、物事を白か黒か、大成功か大失敗かと考え始め、極端で一面的なものの見方に陥りがちです。しかし、心や魂の問題はそうではありません。一見相反するような事柄が同時に存在していることがあるからです。

特に信仰生活を考えるとき、こうした事柄を避けて通れません。というのも、信仰生活とは、神の主権と計画を信じながらも、人として努力し、責任を負う生き方であるからです。神の主権と人間の努力は、一見相反する事柄ですが、どちらも大切なものです。一〇〇パーセント神に委ね、一〇〇パーセント自分にできるベストを尽くす。どちらかだけに気持ちが向かうとたんにバランスが悪くなってしまいます。二つの事柄のどちらも大切にしていく緊張感や集中力のようなものが大切なのだと思います。

治すと治る

こうしたことは、私の仕事についてもあてはまります。私は、心理カウンセラーとしてベストを尽くして努力し、カウンセリングにあたります。しかし、同時にこちらの努力とは別に、クライエントが自分の方法で成長し、いわば勝手に治っていくこともよくあります。治すと治るの二つの世界です。私の実感では、面接室には、自分の努力で頑張るのだという気持ちと、クライエント側が独自に成長していく（ひいては神のご計画がなされる）ことに委ねる気持ちの、双方が同時にうごめいています。そして、相反するようなこの二つの気持ち（治すと治る）が、ちょうど同じ強さで拮抗するとき、カウンセリングはうまく進展していきます。つい、頑張って治してあげようと肩に力を入れると空回りをしますし、逆に、クライエントが勝手に治っていくだろうとあなどると途端にカウンセリングは停滞してしまうのです。

祈りや瞑想

信仰者の祈りや瞑想には、こうした二つの世界の双方をみつめる作業が含まれていると思います。つまり、自分が遭遇した状況に対して、「この出来事に、私はどのように対応しただろうか」「それは私にとってどのような意味があるのだろうか」という問いかけをしながら、同時に「このようなことを通して神は私に何を語りかけ、何を教え、私をどこに導こうとしているのだろうか」という問いかけもすることでしょう。

前半は、人の努力を問うています。人の側の視点で何が起きているのかを吟味しているのです。後半のものは、神からの視点を問うています。神からの視点を体験し、神の語りかけを受けとめる作業をしているわけです。このようにして、私たちは人の努力と神の主権という二つの世界を問い、二つの世界に生きているのです。

とりわけ大きな出来事や変化があった際には、そして挫折や試練に遭遇したときには、こうした双方の作業は不可欠なものです。双方の作業を通してこそ、私たちは過度に焦燥したり、疲弊する状況から解放されるからです。

究極のメンタルヘルス

これまでメンタルヘルスについて、いろいろなトピックスを取り上げてきました。この章の最後に、究極のメンタルヘルスについて、私の個人的に感じていることを述べます。

それは、今あるささやかな希望に生きるということです。

人は、深い悲しみにあればあるほど、がらりと悲しみの暗闇が晴れて、まばゆい光にあふれる喜びの世界に浸ることを望みます。また、人は様々な困窮を経験していればいるほど、そこから一気に抜けだすことを渇望します。

しかし、本当の喜びとは、むしろ自分の中に大きな悲しみがあることを認め、悲しみと喜びが同時にあることを受け入れることから始まるのだと思います。そして大きな悲しみの少し脇にある小さな喜びやささやかな希望を見いだすことが大切なのです。

私たちは、現在の環境が劇的に変わることを願います。そして自分がとびきり良い方向に変わることについても願います。しかし、環境が変わらずとも、自分の実力が変わらずとも、今の自分のままで、すでに備えられている小さな喜びやささやかな希望を見い出すことが肝心なのです。それは、詩編一一九編一〇五節にあるように、先々が見通せないながらも、足下一歩先を照らす灯を頼りとする生き方です。このように、小さな喜びやささやかな希望に目をとめることは、信仰者として大切な生き方であるし、究極のメンタルヘルスの姿であると私は思うのです。

（注1）　そもそもストレスとは、人が外界から刺激を受けて緊張や歪みの状態を起こした際に、これらの刺激に適用しようとして起こす、心理的・生理的反応のことである。だから生身の人として必ずこうしたストレスを経験するし、それを原動力にして新しい生活や環境に順応し、成長していくのである。

なお、日常語として使う場合、環境から圧迫してくる刺激そのものをストレスという。しかし心理学では、ストレスは人間の側の反応（ストレス反応）のほうをさす。たとえば「ストレスで眠れない」という場合は、本来ストレスを引き起こす刺激が別にあり（明日大事な用事があるなど）、その結果、人間の側にストレス反応が起きているので眠れないということになる。「明日大事な用事がある」というような刺激をストレッサーと呼ぶ。そして明日の大事な用事を思ってその人の心拍数が上がったり、興奮したり、気持ちが不安で満たされたりすることをストレス（ストレス反応）と呼ぶのである。本書においては原則日常語の用法を用いた。

（注2）　ホームズらの研究があまりに有名。

Holmes, Thomas H. and Richard H. Rahe. "The social readjustment rating scale." *Journal of psychosomatic research* 11.2 (1967) : 213-218.

日本でも大規模な同様の研究が行われている。

夏目誠：ストレス評価・測定の研究「ストレス研究の基礎と臨床」『現代のエスプリ別冊』一五一－一六二頁、至文堂、一九九九

（注3）グロルマンの言葉。

E・A・グロルマン『愛する人を亡くした時』春秋社、一九八六（＊原著は一九八一）

（注4）田尾雅夫、久保真人『バーンアウトの理論と実際・心理学的アプローチ』三七－三八頁、誠信書房、一九九六

なお、バーンアウトの進行を慢性型と急性型に分けて説明しているが、以下に一覧する。

○は、その傾向が強く生じることを表している。たとえば慢性型の第二段階では、「脱人格化」だけに○が付いている。これは「脱人格化」の傾向が強く生じているが、他の傾向は生じていないことを表している。

	慢性型の進行				急性型の進行		
	第1段階	第2段階	第3段階	最終段階	第1段階	第2段階	最終段階
脱人格化	－	○	○	○	－	－	○
達成感の低下	－	－	○	○	－	－	○
情緒的消耗感	－	－	－	○	－	○	○

（注5）参考までに、信仰者（中年男女）におこなった気晴らし調査の結果を載せる。

■信仰者・中年男性（40名、平均56歳）

＊実際の気晴らし（ひと月以内に数回以上）上位10
①入浴する②新聞を読む③テレビを見る④自分の仕事に励む⑤夜にぐっすり眠る⑥祈る⑦散歩をする⑧シャワーを浴びる⑨手紙はがきカードを受け取る⑩家の雑用をする

＊楽しいと考えるもの（未経験も可）上位10
①音楽をきく②田舎にでかける②入浴する④美しい風景を見る⑤夜にぐっすり眠る⑥旅行、休暇の計画を立てる⑦家族や友だちのいい話をきく⑧アウトドアで遊ぶ⑨おいしいものを食べる⑩スポーツをする

■信仰者・中年女性（40名、平均56歳）

＊実際の気晴らし（ひと月以内に数回以上）上位10
①清掃、洗濯などする②祈る③料理をする④入浴する⑤新聞を読む⑥テレビを見る⑦化粧をしたり髪をととのえたりする⑧家の雑用をする⑨音楽をきく⑩買物をする
＊楽しいと考えるもの（未経験も可）上位10
①美しい風景を見る②おいしいものを食べる③友だちと会う④手紙、はがき、カードを受け取る⑤家族や友だちのいい話をきく⑥音楽をきく⑦友だちや同僚と食事をする⑧大声で笑う⑨夜にぐっすりと眠る⑩旅行をする

（注6）　俵万智『サラダ記念日』河出文庫、一九八九

（注7）　村上春樹『アンダーグラウンド』講談社文庫、一九九九

（注8）　村上春樹『約束された場所で―underground 2』文春文庫、二〇〇一

＊翻訳は邦文献をあげ、原著は発行年のみとした

＊単行本と文庫本が出ている場合は文庫本をあげた。

第2章　人生後半戦という視点

1　人生全体を見渡す

第2章では、ストレスとメンタルヘルスの問題について、人生全体を見渡しながら考えていきたいと思います。多くのストレスの背後には、刻々と変化し、発達していく人生の影響があります。まずは人生が様々な時期（発達段階）のつながりで出来ていることから説明します。

人生の様々な時期

人生には誰もが通過しなければならない様々な時期（発達段階）が用意されています。そして、その時期ごとに固有の課題が備えられています。

これは心理学のライフサイクルという考え方に依るものですが、人生全体を見渡し理解するために実に知恵に満ちたものになっています。人間は神様によって作られた見事な作品ですが、人

表1　一般的な発達段階とその課題

発達段階	年齢の目安	課　題
乳児期	誕生～2歳	■養育者との間に情緒的関係を作る ■行動レベルでの因果関係の理解 ■対象の永続性の感覚 ■基本的な感覚運動機能 ■情動の発達
歩行期	2～4歳	■移動能力の完成 ■空想と遊び（前操作的思考）■言語の発達 ■自己抑制
児童前期	5～7歳	■男女の違いの理解 ■分類や計算（具体的操作）■初期の道徳的発達 ■集団遊びの始まり
児童後期	8～12歳	■同性仲間集団から学ぶ ■自己評価に関心を示す ■技能の学習 ■チームプレイを学ぶ
青年前期（思春期）	13～17歳	■身体的成熟 ■抽象的な思考 ■情動の発達 ■仲間集団（児童期よりも組織的）■異性関係
青年後期	18～22歳	■親からの自立 ■男らしさ、女らしさの受容 ■道徳性の内面化 ■職業選択
成人前期	23～34歳	■結婚 ■出産 ■仕事（技能、人間関係、職場の要求と危険性、の学習）■生活様式の確立
成人中期（中年期）	35～60歳	■家庭の経営 ■育児 ■職業の管理
成人後期（老人期）	61歳～	■老化（身体的変化）への対応 ■新しい役割や活動に対してエネルギーを再度方向付ける ■自分の人生の受容 ■死に対する準備

の一生もまた神様によって見事なデザインが施された作品なのではないでしょうか。

さて、人生の発達段階はいろいろな区分の仕方がありますが、一般的に表1のような段階があります。その段階ごとの発達の課題も一般的に言われているものをあげておきます。(注1)

ただ、個人差があるのはもちろんのこと、社会の大きな変化の影響を受けることもあり、時代と共に、年齢を単純に対応させることが難しくなっています。(注2)

若い自分

私たちは「若い自分」にこだわり、心身ともに実際の年齢よりも、若い自分を演じる傾向があります。とくに人生の後半ではこの傾向が強く、素直に自己像を描くと、優に一〇歳くらいは若い自己像を持っている人が多いのではないでしょうか。

自分は人生のどの時期にいるのか、まずこのことを自覚し、受け入れることから始める必要があります。とくに自分の信念に生き、「なせばなる」という積極的な思考を強く持つ人は、自分自身や状況の変化に鈍感になりやすく、自分が人生のどこにいるのかの自覚が難しいことがあります。

もちろん老人期にある人が「私はいまも青春のまっただ中です」「山歩きならたいていの若者には負けない」などと言えることは素敵なことです。しかし、老人期にいることを本気で否定しているとしたら大きな間違いです。どんなに元気であろうと、老人には老人特有の、そして若者には若者特有の特徴や課題を持っているのです。たとえば社会的役割からの引退。老化や病気の問題。自分の死の問題。身近な人との死別の問題。これらのことは、二〇歳の若者と、七〇歳の老人とでは、意味するものがまったく違ってきます。

自分が人生のいまいる時期を自覚し、その時期特有の課題を受け止めることが、メンタルヘルスを人生から考える第一歩です。

教会生活の寿命論

人生の発達という視点を持つことで、いろいろなことが見えてきます。すこし話題が脱線しますが、ここではその例として、信仰を持った人が数年で教会を去って行く現象について触れておきたいと思います。

一般に人生のある時期、キリスト教信仰を持っても、必ずしもその後長きにわたって教会生活を送るということにはつながっていきません。

私は、こうした問題を点検し、教会としてなすべき自己改善を行おうとすることには、まったく同意します。ただ、こうした話題を耳にするときの前提に、人はきちんとした信仰を持てば、自動的に一生教会生活を送るはずである、という期待がありすぎるように思います。

繰り返しになりますが、人は、人生の様々な段階に、与えられた課題を克服しながら、生きています。熱心な信仰を持った小学生が、思春期に入っても自動的に信仰を継続するわけではありません。そこで、再度、自らの信仰を吟味し直し、思春期への新たな適応をはかるなかで、信仰も質的に変化・発達していくのです。

大学生になる。社会人になる。結婚する。親になる。転職や昇格、配置換えで職業上の大変化を経験する。子育てで危機を感じる。大病を患う。などなど。思春期以降も、次々に人生の課題が変わっていきます。そしてその都度、信仰のあり方も変化・成長を求められるし、ある人は乗り越え、ある人は教会を去っていく。そしてある人は、時間をかけて、別の人生の時期に教会に戻ってくるのです。

教会生活の寿命問題を考える際には、「寿命」でなく、回り道であること、そして、もともと信仰に致命的な問題があったのではなく、健全な成長のなかで、人生と信仰が次なるステップに移行するのにとまどったり、失敗したりしたものと考えたほうが良い場合が多いのではないでしょうか。そして、このような問題にあって人生の発達段階の視点を取り入れて対応していくことが問われているように思います。

2　人生の後半戦の危機

人生の新しい段階でストレスは増加する。

人生にはいくつもの発達の段階があることをみてきました。ストレスとの関係でいえば、人は、新しい段階に移行する際に、危機が訪れやすく、ストレスが増加すると言うことができます。

各段階でそうした危機は起きるわけですが、これらのなかで、思春期の段階に移行する際に大きな危機があることが知られています。またその激しさを形容して疾風怒濤の時代と言うこともあります。子どもから大人への移行にあって、それまでの親への従属から独立に向けて大きな舵をきりますので、親への反発を伴います。それは周囲が対応に困るほど、数年という短期間で激しい形で起こります。発達上の危機の代表として、この思春期危機をあげることが多いと思います。

人生の後半戦は、最も大きな危機

しかし、私は、中年期への移行の際の危機こそ、人生最大の危機だと考えています。人生後半戦の危機といってもよいと思います。人生前半戦の拡張と生産性をあげることを目指していた生き方から、死と老化をテーマとする後半戦の生き方に質的転換を図るわけですから、人生最大の節目に遭遇したと言えます。

ただこの中年期の危機は、目立ちません。思春期危機のように同じ時期に短期間で起こりません。中年期危機は、早く始まる人も遅く始まる人もいて、まちまちです。さらに、危機の期間が長い場合が多いと思います。何年も何年もかけて変化し、人生の後半戦というステージに順応していきます。そのため、危機は見えにくく、静かに感じますが、トータルで引き起こされる揺れ幅の大きさは、人生最大のものだと思います。

なお、中年期とは、個々人で違うのですが、何歳くらいから始まると考えたらよいでしょうか。五一頁の表1では、「成人中期（中年期）」を三五歳からにしています。あくまでも一つの目安ですが、私も、三五歳、三六歳くらいと考えることを提案しています。また中年期の終わりは、職業人として引退する時にやってくると考えています。ですので、いちおう六〇歳と言っていますが、最近では六五歳と言ってもさしつかえありません。

現代は社会状況の大きな変化によって、人の発達の姿自体もその影響を受けて変化していますので、年齢を想定することが難しいのです。しかし、だからこそ仮にでも目安を作っておくことは重要なことです。たとえば牧師や医師など引退を自分で決められる専門職の人は、死ぬまで働くこともできなくはありませんが、人生の節目をおおざっぱであっても意識しておくことができれば、実際に目安の六〇歳や六五歳になったとき、自分の職業上の引き際を真剣に検討し、老年期を迎える準備を行うことができます。

人生の節目を自分で意識する

もともと人生の節目には、お食い初め式に始まり、入学式、卒業式とか、成人式とか様々な儀式が用意されています。結婚生活も銀婚式や金婚式といったお祝いが数多く決められています。還暦や古稀といった長寿を祝う節目も事欠きません。

社会が用意してくれたこれらの節目で人は一度立ち止まり、自分の人生を振り返り、人生の中で自分のいる場所を確認することが自然と行えていました。ところが人生の節目の儀式は、時代とともに、個人主義が台頭し、軽視されるようになっています。そこで各自が個人的に、人生の中で自分がどのような地点にいるかという自覚をする必要が出てきました。個人的な儀式として、自分のためだけの記念日やご褒美などを祝うのも、この時代の知恵と言えるでしょう。私たちは案外、それほど意識せずに個人的な儀式を持っていて、機能させているように思います。

3　人生の時計

ある小学校の先生が、中学校を卒業するかつての教え子に向けて「人生時計」という話をしました。人生時計の起源です。そこで、その先生が話した人生時計とは、自分が人生のどこにいるのかを、一日二四時間の時間で考えるというアイデアでした。そしてそのための計算はいたって簡単で、自分の年齢を三で割るというものでした。(注3)

中学三年生は午前五時

たとえば一五歳の中学三年生は、三で割ると五となります。五は、人生の午前五時にいると考えます。まだ夜明け前の、長い一日のスタート地点にいるのです。校長先生は、巣立っていく卒業生たちに、人生まだ始まったばかりであることを伝えたかったのだと思います。

一八歳の場合ならどうでしょうか。三で割って、午前六時です。やはりまだ早朝です。いくらでも人生に時間があります。

それでは、二〇歳ならどうでしょうか。三で割ると、六で余りが二です。余りは一につき二〇分になりますので、余り二ですと四〇分です。六余り二は、午前六時四〇分ということになります。

さらに太陽は上昇し、頂点を目指していきます。真昼時（午前一二時）は何歳でしょうか。三六歳ですね。いうなれば、人は、三五、三六歳を目指して、人生の午前中を過ごしていると言えるかもしれません。なんとかこれでやっていけるのだという自分を作っているのです。やがて真昼時という折り返し地点を通過すると、人生の午後、人生の後半戦に入ります。撤退や断念もあれば、人生の後半戦ならではの充実感もあるでしょう。そして五〇歳を過ぎるようになると、夕暮れが訪れ、日没が迫ってきます。そして夜になると、夕飯があったり、入浴があったりするでしょうし、お楽しみのテレビ番組があったり、日記を書いたり、本を読んだり、人によって様々ですが、一日（人生）を振り返り、気持ちを穏やかにして、良い眠りにつこうとします。

昼休み、おやつ、夕飯

あなたの人生時計はいま何時でしょうか。その時刻に普段どんなことをしているか思い巡らしてみることをお勧めします。ある人は昼休み（もう少し休もう）と言い、ある人はおやつの時間（ここで自分にご褒美）と言い、ある人は夕飯の時間（人生後半のエネルギー充電）と言い、自分なりの意味づけをすることができます。

また、その時刻に実際に街歩きをしてみることもお勧めします。私は、五〇歳でガンの告知を受けました。人生時計は一六時四〇分でした。当時その時刻を実際に歩いてみました。季節にもよりますが、あっという間に日が暮れていきます。明るかった景色がすぐに暗闇の世界になっていきます。それはちょうど自分が働き盛りでありながら、同時に引退や死をリアルに考えなくてはならない人生の時期に来たのだと思いました。

七二歳は

この人生時計は、七二歳で二四時を迎えます。七二歳以上の方はどう考えればよいのでしょうか。たとえば八四歳の方は、三で割ると二八ですから、二八時（午前四時）と考え、二四時以降の時間を神様から特別に与えられたものとして味わうのが良いと思います。それは、静まりかえった時間かもしれませんし、綺麗な朝焼けを待ち望む時間かもしれません。新聞配達の音が聞こえたり、自然のざわめきや野鳥の声が聞こえたりもします。そこでは、幼児のように自分の人生を新たに味わう喜びが待っています。

あなたは、いま、人生のどの時刻にいるのでしょうか。あなたの家族や知り合いは、人生のどの時刻を通過しているのでしょうか。

4　人生の登り道・下り道

人生を山登りの登り道と下り道にたとえることがあります。これも魅力的で教訓的なイメージです。枡野俊明氏は、その著書の中で、とくに人生の下り道に着目し、その趣について述べています。(注4) 登り道から下り道に移行するのは、氏によると仕事を辞め、引退する時期としていますので、その準備も含めると、五〇歳代、六〇歳代に転機を迎えることになります。本書では、五〇歳以前でも、職業生活を送っている人でも、危機は訪れるとする立場ですので、その点が微妙に異なりますが、考察されていることの多くは参考になります。以下、氏の指摘の内、本書の人生の前・後半戦の対比として、通じるものを紹介します。

急ぐ・急がない

人生の登り道と下り道を比べてみますと、まず登り道は、先を急ぎます。性急さが目立ちます。そのために効率や利便性を追求していきます。自分の振るまいや仕事に対して良い評価をされることが大切になります。仕事との関係で人付き合いが増えやすく、決断をすることが求められます。

一方、下り道は、冷静です。結論を急ぎません。下り坂はそもそも体力が衰え、登り道のような歩き方ができなくなっているわけですから、至る所で不便さを感じます。その不便さを楽しむ姿勢が大切になります。

そして評価よりも感謝が大事になります。よく人間関係を改善するために、人を褒めることだと言う人がいます。しかし、心から褒めるのでないと上から目線になってしまい、褒められるほうも嬉しくはありません。やはり感謝されることが心に届きます。

人付き合いは広げることよりも深めることが課題となります。また二者択一的な解決ができないことも増え、曖昧さも大事にすることになります。

後悔の念

人生の登り道・下り道にかかわらず、人は時として後悔の念にとらわれます。どんなに前向きに生き、順調な人生を送っている人でも、後悔のない人などいません。しかし、登り道と下り道では違いがあります。登り道で抱える後悔は、「取り返す」「やり直す」「修復する」希望が持てます。ところが下り道ではその希望が持てず、苦しみます。またいつのまにか封印していたものの蓋が外れ、ある日突然後悔が襲ってくるかのような思いもします。下り道ほど、過去に区切りを付け、今に生きることが問われているのだと思います。

世代を超えて

この山登りのたとえは、もう一つ独自の魅力があります。それは登る人と下る人が同じ道を共有し、互いに声を掛け合う関係が生まれるイメージがあるからです。たとえば、下る人（人生後半戦）が登る人（人生前半戦）にその経験を伝え、励ますようなことが連想できます。

また、登りも下りも同じ道を使う場合、同じ場所でも、方向が違うだけで見える風景が違います。とくに下り道は二度目ということで発見することも多くなると思います。志賀直哉の「和解」という小説があります(注5)。主人公は父親と長らく対立してきましたが、自分が結婚し、子の父親になったとき、父親の心情が分かり、和解を考えるという筋書きです。まさに、下り道を下りながら、登り道のときの自分を洞察する、ということが起きてきます。

あなたは、いま、人生の山登りで、登り道でしょうか、下り道でしょうか。下り道を歩きながら、登り道の自分を思い出すことはないでしょうか。すれ違う他の世代と交流はあるでしょうか。それを有益になるよう生かしているでしょうか。

5　人生を折り返す

人生の前半戦から後半戦に折り返すことについて、もう少し考えて見たいと思います。人生時計では、午前から午後に移るときのことです。また人生の山登りでは、登り道から下り道に移るときのことです。この折り返しでは、質的転換が起きます。前半戦は、生産と拡大がテーマで、課題を広げていきます。一方、後半戦は、死と老化のテーマとなり、広げるのでなくむしろ絞り込み、深めることに主眼を置くようになります。

この質的転換は、そう簡単にはクリアできません。とくに人生の前半戦で、個人の努力や熱意を重視し、生産と拡大に成功してきた人ほど、折り返しでは、大変な思いをします。自分の生き方をそう簡単には変えることが出来ないからです。この辺の事情は、プロ野球投手の活躍の仕方を考えてみるとイメージしやすいのではないでしょうか。

プロ野球投手

いろいろなタイプの投手がいますが、いちばん才能に恵まれているのは、剛速球を投げて活躍する本格派の投手です。力で打者をねじ伏せ、三振をとります。そうして数年、目立った活躍をし、良い成績を残します。しかし、やがてピークが過ぎて、以前のように剛速球を投げられなくなります。そして活躍できなくなりスランプを経験します。人によっては、自分の限界を感じて引退することもあります。

ところがスランプから這い出てくる人たちがいます。もう剛速球投手ではありません。変化球を巧みにあやつる技巧派投手に変貌しているのです。今度は三振でなく、打たせて討ち取るスタイルです。このように投手として質的転換を遂げた選手は、もう一度活躍します。

こうした姿は、人生の前半戦で活躍した後、質的転換を行い、再び人生の後半戦で活躍する人の姿に似ています。折り返しにあっては、過去の剛速球の快感を忘れ、コントロール中心の投球術を学んでいく覚悟が必要です。

病気やトラブルとの遭遇

こうした折り返しは、頭ではわかっていても、心から理解し、実際に行動を変えていくのは至難の業です。頼みの社会の慣習や儀式も衰退しています。人生時計という自己チェック法も良いアイデアですが、ヒントにはなってもただちに人の行動を変えるわけではありません。

多くの人は、折り返しについて無頓着なままに通過していきます。そして、人により様々ですが、大病をしたり、大変なトラブルに遭遇したりして、有無を言わさず、立ち止まらせられるのです。これは儀式なき時代の新しいかたちの儀式として機能しているとも言えます。

人生の後半になっても、前半のように飛ばして進むと、無理が高じて息切れ状態を招いてしまいます。息切れのいちばん象徴的なのは「うつ」になることです。あれほど元気で前向きだった人が、意欲を失い、それどころか睡眠や食欲も思うに任せなくなるのです。クリニックに通ったり、カウンセリングを受けたりして、多くの場合、半年や一年をかけて回復していきます。自分の無力さを味わい、これまでとは違う生き方を身につけていくのです。まさに病気を契機に人生後半戦の新しい生き方を問われ、模索しながら身に付けていくのです。

私自身のことでいえば、五〇歳からいくつかの大病をわずらったことは大きな転機となりました。三〇歳半ばから、折り返しについていろいろと意識していたつもりでしたが、実際に病気になってみると、待ったなしの減速運転になりました。

このように、心身の病気が折り返しの契機となることもありますし、他にもトラブルに遭遇することが契機となることもあります。長年親しかった友人や親族と些細なことで絶交したり、「困った人」に巻き込まれて疲弊したり、ほかにも予定外の借金を作ったり、場合によっては犯罪の加害者や被害者になることもあるかもしれません。いずれにしろあれよという間に大きいトラブルに発展するのです。そして困惑の果てに立ち止まり、自分の非を認め、やはりこれまでと違った生き方を身につけることになるのです。

このように、病気やトラブルに苦慮しているときというのは、中年期の危機が始まっていて、その反映として病気やトラブルが生じていると考えられます。逆に言うと、そういうものがあるからこそ人は自分の中年期を自覚し、人生の後半戦を折り返すことができるのです。

６　夕暮れに備えるには

夕方から始まる物語

聖書には、弟子たちが、イエスに強いられて舟に乗り、湖の対岸にむかっていく記事がありま す（マルコ福音書六章）。弟子たちだけが乗った舟は、強風にあおられ波と格闘し、夕方に出たは ずなのに、夜中の三時になってもまだ湖の中ほどにあったとあります。

ここでこの出来事が起きた時間に注目したいと思います。それは朝方でも、昼日中でもなく、 夕方に舟をこぎ出しているのです。この記事が人生後半戦、人生の夕暮れの物語であることを示 しているように思えます。人生の夕暮れ時に自分だけの責任とは言えない、成り行きというか、 他から強いられて進んだ結果、予期せぬ危機に遭遇する。そういう物語になっています。

人生の後半戦の危機というのは、いわば荒波や暗闇のために、自分の思惑が通用しない状態に 置かれ、死の恐怖も迫ってきます。自分の使命感が否定されるような徒労感や、今の状況に意味 が見いだせない不全感も経験することでしょう。

人生の前半戦なら、神さまの奇跡を期待するでしょう。大群衆にわずかな魚とパンで給食を 行ってしまうような、状況の大変化を期待するのです。しかし、人生の後半戦では、そうはいき ません。目の前の荒波や暗闇を瞬時に消してしまうような奇跡は、けして起こりません。残され た方法、それも最善の方法は、実は近くにいるイエスを自分の舟に迎え入れるということです。

そして、このことで（このこと自体奇跡ということができますが）当事者を対岸という新しい人生のステージに導いてくれるのです。

自分の舟に

周りの嵐を沈めるのでなく、まず自分の舟にイエスを迎え入れるというのは意味深長です。他人や状況を変えることはできませんが、自分だけは変えられるということを端的に示しています。人生の夕暮れ時にイエスを自分の舟に迎え入れるということは、自分には舟を操る力がないことを素直に認め、神さまが計画し、定められた課題の遂行をイエスにおゆだねする生き方であり、昼間の生産性を中心とした生き方から解放された姿です。

前半戦の戦いでは軽視されがちで、後半戦になって重要視されるのは、次のような事柄です。

（1）黙想、祈り

走り回るだけでなく、心静まるときを持つことが重要になってきます。いろいろな観点から、今与えられている状況を思い巡らすことが求められます。また、二つの世界を味わうこと（四四頁）も含まれます。

（2）友情、語らい

「語り合う」（三八頁）で述べたとおりです。語り合う場があるでしょうか。

（3）創造的な遊び

芸術の創造性には大きな力があります。気軽な遊びでも、創造的に遊ぶことでそれに近い効果が期待できます。気晴らし行動もそうです（二六頁）。いま私が憧れるのは、くだらないダジャレを駆使する人です。十分創造的です。

（４）いま人生に起きていることを運命や摂理としてとらえる感性

先の「黙想、祈り」と裏表の関係にあると思います。「個人の物語」の大切さを述べました（四一頁）が、それを「神の物語」につなげていくことが理想です。

（５）断念する知恵

広げる発想から深める発想へ転換することが求められています。そのためにはいくつものことを断念することが必要となります。「死と老化」を意識すればなおのことです。

（６）もう一人の自分との出会い

もう一人の自分

（６）の「もう一人の自分」についてはいささか聞き慣れない言葉なので、すこし説明をしたいと思います。

人生の後半戦では、あのとき、あの選択をしなければ、今の私とは全く違う人生を送り、違う自分になったに違いない。そんな思いが募るものです。あの学校に行っていれば、こんな仕事に就いていれば、あの頃お金がたくさんあれば、この人と結婚していなければ、こうした思いはきりがありません。「もう一人の自分」と出会うとは、こうした思いのなかで、もう一人の自分の生きた可能性がありありと思い浮かんで来ることを指します。それは空想の中で意識する「もう一人の自分」であったり、あるいはそうしたもう一人の自分を体現している人物に思いを重ね、憧れたりすることです。これは多くの人に起きることです。

しかし、その対応となると一様でありません。

①多くの人は無視します。もう一人の自分など未練たらしいと忘れることにしてしまいます。しかし「もう一人の自分」を意識し始めたのは、その人の人生がそれまでの一面的な生き方では通用しなくなったからです。その息苦しさは、無視しても残っていきます。

②もう一つは崇拝します。もう一人の自分こそ、本当の自分だとときめいて、もう一人の自分に飛びつきます。いまある日常を捨て置き、新しい人生を求めて飛び出します。しかし、崇拝は人生の破綻を招きます。

③もう一人の自分を無視もせず、崇拝もせず、どちらも選ばずにいきます。尊重するということができるかもしれません。というのも、無視する自分も崇拝する自分もどちらも本当の自分ですから、どちらかを選択するとすっきりしますが、本当の自分の一部をすてることになってしまいます。だから選ばず尊重するのです。不思議なことにそうしてもう一人の自分と対話していくと新しい人生の風景がみえてきたり、自分の真二つの人生イメージが統合されてきたりするのです。

もし「もう一人の自分」が立ち現れたら、そこでは対話を続け、自分が人生で捨ててきたものを思い返し、多様な自分を問い直すことが求められているのだと思います。

（注1）　B・M・ニューマン、F・R・ニューマン『新版 生涯発達心理学――エリクソンによる人間の一生とその可能性』川島書店、一九八八

（注2）　特に昨今、二つの変化が起きつつある。第一は、結婚の時期が固定化されず、独身時代が長引く傾向にあるということであり、第二は、社会的引退の時期が六〇歳定年退職から、六五歳あるいはそれ以降になっているということである。いずれも見方を変えれば、結婚、家庭、仕事にまつわる選択肢が増え、自由度が増したということだが、自由度が増えた分、同時に人生の大きな枠組みを自分で考え、自分で決めなくてはならないことが増えるため大変なことでもある。

（注3）　「ほぼ日刊イトイ新聞」「ほぼ日手帳2008」三月二五日欄の今日の言葉〈読者メールより〉二〇〇七「中学校を卒業するにあたって、小学校の時お世話になった先生方からビデオレターを頂いた時、ある先生が言った」計算法

（注4）　枡野俊明『禅が教える人生という山のくだり方』中経の文庫、二〇一六

（注5）　志賀直哉『和解』新潮文庫、一九四九

第3章　時間の使い方

1　忙しさの美学

ストレスを増加させることの一つに、生活の多忙さ、複雑さがあります。熱心に活動を続けているのにもかかわらず、課題が片付くどころか山積みになり、肝心なことが後手に回るということはないでしょうか。忙しすぎる生活は、いろいろなストレスを招き、心身を消耗させます。

そこで本章では時間の使い方について考えてみたいと思います。しかし、時間についてビジネス書のようなテクニックを指南することは意図していません。そもそも私にはそのような実力がありません。ただ、心理的側面から原則的な事柄をメンタルヘルスの延長として考えてみたいと思うのです。

若気の至り

駆け出しのカウンセラー時代の失敗談ですが、若い社会人男性のカウンセリングを担当したことがありました。彼の悩みは仕事が続かないというもので、やや強迫的な傾向がありました。彼は、社交性もあり、知恵も意欲もありました。しかし彼は莫大な残業も含め、仕事が忙しすぎました。周囲からの評価は高く、異例の出世をしますが、その結果ますます責任や課題が増えてしまい、ある日突然退職してしまうのです。二年くらいのペースで同じ経緯で転職を繰り返していました。私は、彼があまりに多忙だったので、そのことを指摘して、もう少しゆっくりと構え、そのために仕事で失敗することがあってもいいじゃないですかと言葉をかけました。彼はそれはできないと応えました。私は同じような助言をもう一度繰り返しました。彼のおだやかな表情が消え、声をあらげ、「それじゃ自分が能力がないみたいじゃないですか」と言ったのでした。それは唐突に感じられましたが、本当は彼の心の中で一貫して流れていたもので、常識的な助言を繰り返した私の鈍感さを思い知らされた出来事でした。そのサラリーマン氏はその面接を最後に相談室には来なくなりましたが、人は忙しさを嘆きながらも、どこか忙しい自分を求め、忙しい自分に支えられていることを今でも私に教えてくれています。

忙しさのメリット

意外かもしれませんが、忙しさに我が身を置くメリットがたくさんあります。忙しすぎると日々嘆きながら、動き回ることで、私は少なくとも次の三つのメリットがあると考えています。

第一に、忙しさは、大局的なもの、本質的なものを見なくて済むようにしてくれます。本当に直面すべき事柄に直面するのはしんどいものです。後回しにしたいものです。しかし露骨に後回しにすることには抵抗があります。忙しさに紛れることで、葛藤することなく後回しにすることができます。

第二に、忙しさは、他人に対して鈍感にしてくれます。人間関係を維持し、調整することには大変な労力を使います。物事を先に進めるためには、かならず人間関係のメンテナンスをしなければなりません。ところが忙しさが一定の度合いを超えると、そうしたことへの配慮が抜け落ちます。それは、長い目で見ると無謀ですが、当座は相当にラクになります。

第三に、忙しさは、理屈抜きの充実感や、自己効力感を味あわせてくれます。これは、慌しく動き回り、目先の課題をこなすことで、有能な自分を味わえる強烈な魅力があります。

この三つ目はとくにくせ者で、多くの人がこの「忙しさを誇る美学」に心酔しています。先の声をあらげたサラリーマン氏のように、自らの存在証明になる場合さえあるのです。

そこまでいかなくても「心酔」している人はけして少なくないと思います。たとえば何をやっても段取りが悪くバタバタする人がいます。彼らはいつも忙しそうな姿を周囲に印象づけますが、実際には場当たり的で仕事がうまく仕上がりません。ところが本人はバタバタ動くことで「フル回転している」と感じています。ですから、なかなか自己修正が難しいのです。私たちは忙しくすることで、なんとか有能な自分を味わっているのです。(注1)

2　集中する

忙しさのストレスから解放される最大のコツは、数ある課題に翻弄されることなく、むしろ絞り込んで集中することです。目先のどうでもいいような課題に気を奪われ、より重要なほかの課題をなおざりにしてしまうことは多くの人が体験するところです。学生が学校のテスト前夜に、勉強机の掃除に精を出してしまうことなどはこの例です。

一方で、たくさんの種類の仕事を驚くような勢いでこなしている人がいます。しかしどんなに強靱な精神と肉体があっても、一度にするのは一つの作業であり、要はその作業一つひとつの集中力の度合いがすごいのです。時間管理に関心のある人は、いろいろなテクニックを持っていますが、それらは一言で言うと、集中するための工夫になっていると思います。

パウロは、「神の栄冠を得るために、目標を目ざして一心に走っているのです」（ピリピ三・一四）と告白していますが、「一心に」という言葉に、目標に集中する姿が印象づけられます。

そこでここでは、集中すべきことに集中するための取り組みを考えてみたいと思います。私が有益だと感じている「見切る」「没頭する」「分解する」「優先順位を意識する」という四つについて、まず紹介します。

(1) 見切る

ある仕事を完成させるのに、時間をかければそれだけ良いものができるわけではありません。課題によっては、一〇〇パーセントを目指さなければなりませんが、多くの場合、八〇点で仕上げることで十分であることが多いように思います。六〇点の出来を八〇点にすることは容易ですが、八〇点を八五点にするのは大変なことです。

また、持ち時間、締切期限との兼ね合いで、「ここまで」と仕事を不満足な出来であっても終わらせ、見切ることも肝心です。ある仕事を見切ることは、他の優先度の高い仕事に時間を集中させることになります。

さらに、個々の仕事で見切るだけでなく、もう少し長い年月での人生設計でも見切ることは同じ理屈で肝心です。ある人は「諦めるリスト」「手を出さないリスト」を作り、定期的に更新していると言います。これなどは人生の後半戦にあっては有益な工夫と言えます。

(2) 没頭する

人には仕事の波があります。熟考するのは午前中が良いという人もいるでしょうし、いやいや寝る前だという人もいるでしょう。同じ一時間でも、個性や好みにより、仕事の性質により、時間の濃さが違ってきます。あらかじめ自分の没頭できる時間帯、没頭できる曜日、季節といったものを意識しておくことは価値があります。

また、没頭するには環境が大きな影響を持っています。図書館やカフェで仕事をする人。同僚や友人、家族に話しながら頭の整理をする人。パソコンや手帳を前にすると集中の「スイッチ」が入る人。誰にもいちばん没頭できる環境というものがあるものです。

(3) 分解する

重要な仕事の中には必ず複雑で一筋縄ではいかないものがあります。あれもこれもしなければならず、長期間にわたって関わるとなると、とても集中力をキープしていくのは大変なことです。そこでそうした仕事については、さらに分解し、小分けにします。複雑な一つの仕事ではなく、たとえば五つの仕事にすることによって、それぞれの目標に集中していくことができます。

ごく仲間内で行う勉強会を行うという課題があったとします。このままでは手を付けにくい場合、それを、たとえば①参加予定者への連絡、②内容のツメ、③会場の確保、④新規参加者開拓のための宣伝、⑤当日の配付資料の印刷、などと分けて準備すると準備作業が明確になり、とたんに集中しやすくなりますし、まず会場の確保からというように、早く手を付けるべきことも見えてきます。

(4) 優先順位を意識する

「八〇対二〇の法則」という考え方があります。全体の重要な二〇パーセントを行うことで、質的な効果は全体の八〇パーセントをカバーしたことになるという法則です。この法則に従うと、今一〇項目の課題があった場合、そのうちの優先順位の高い二つだけを実行し処理すればほとんど（八〇パーセント）の価値あることを成し遂げたことになります。そして残りの八項目についてはそれほど必死にやらなくてもいいことになるのです。場合によっては時間があってもあえて手を出さずに何もしないほうがよいこともあるのです。

たとえば表1のように「今日すべきこと」リストを作り、各項目に優先度のランクを付けます。Aが最優先（二〇パーセントに相当）。Bが優先、Cが優先度が低い、です。Cは原則先送りします。BでなくAに集中しようとすることは絶大な価値があります。またABランクの中にさらに優先度をつけることもできます。A－1、A－2。B－1、B－2、B－3。などといった具合になります。

このように優先順位のランク付けを素朴に行うだけでも大きな成果を上げることができると思います。

目先と全体

ここまで「集中する」工夫を考えてきました。しかし本当に目の前のことに集中するためには、同時に人生全体を見回すことが必要になります。この双方を大切にすることは案外難しいことです。これらをバランス良く受け止めていくために、たとえば優先順位の考え方を本格的に導入する場合には、人生

表1

優先順位	するべきこと
C	某業者に見積もりをとる
B－1	某雑誌の校正原稿をもどす
A－1	10時、来客（講演会の主題決定）
A－2	12日講義のレジメ作成する
B－3	某氏との打合せの日程決める
B－2	某先生に学生A君の面談報告

の目的や具体的な目標を設定する作業もあわせて行います。(注2) というのも優先順位の判断は、つきつめると自分の人生の目的や方向を意識し、そこから具体的な目標に下ろし、それを基準に行なうべきものだからです。人生全体を見回す知恵だとも言えます。

しかし、これは大変な作業です。人は自分の人生の目的や目標を決めることなどできるのでしょうか。たしかに神のご計画はあり、それを信じ従う信仰者には、人生の目的や目標は描きやすいのかもしれません。しかし、それでも手探りの部分がたくさんあります。病気や失敗などでは、驚くほどたやすく人生の方向が変わってしまいます。

一方で、人生早々に、自分の人生に大きな望みを抱く場合があります。人生の目的や目標を自分で決めつけ、それに妄従する姿です。このような人は順調なときには喜びと充実感が味わえますが、逆にそれがかなえられなかったときには、大きな敗北感を突きつけられることになります。このことは誰にでも起こりえることですが、その決めつけの度合いが大きいほど、敗北感を乗り越えるのが難しいものになります。自分の人生を全否定されたと感じるので、汲々としますす。その責任が神にあると感じるならば信仰に迷い、その責任が周囲にあると感じるならば周囲への不満や非難を爆発させてしまいます。そして自分に責任があると感じるならば際限のない自己嫌悪に陥ってしまうのです。

人生の目的を考える

自分の人生の目的を考えることは大切なことです。自分を考え、味わう至高の時間とも言えるでしょう。同時にこの作業が、神のご計画に参加する喜びだけでなく、手探りで進んでいくしかない不透明さのなかで行われるものであり、葛藤が伴うことを自覚し、覚悟しなければなりません。

その上で留意すべき事項を二つ挙げたいと思います。

第一に、自分の人生の目的や方向を考える上で、いろいろな理想を思い描けますが、まず自分に与えられている賜物や個性を点検し、受け止めることから始めることです。そのためには、過去の自分や日頃の自分を振り返ったり、身近な他者から指摘してもらうことなどが役立ちます。

第二に、目的や目標は適宜変更、修正してよいということです。無理して目標を設定して、その目標に縛られてしまうと、本末転倒になってしまいます。環境が大きく変わった場合（とくに人生の発達のステージが変わったような場合）、本来なら目的や目標自体を再検討すべきですし、そこは不問にし、ひたすら優先順位の実行にエネルギーを使うとしたら、おかしいことになってしまいます。目標中毒の、窮屈な生き方にならないよう気を付けたいものです。

私の優先順位体験

優先順位を意識することはどのようなときでも役立ちますが、本格的に導入するかどうかは各人の好み、選択です。本格的に導入する場合、一気呵成の突破力がありますし、非常に戦略的ですが、継続的な努力も必要です。

私は大学生時代および若手社会人時代に多少無手勝流でしたが、就職やその後の自己研鑽を目指して優先順位の戦略を本格的に取り入れました。オリジナルの記入シートを印刷会社に注文し、それを毎日使いました。そのシートは一部の友人たちにも出回り、驚いたのは生活管理のセミナーを開催している講師からある日突然購入依頼の手紙を受け取ったこともありました。

それほど心酔したのですが、人生の後半戦に入って、私の中では、フェイドアウトしていきました。今も優先順位を意識してはいますが、素朴に「やるべきリスト」を作ったり、課題が多すぎる場合にはＡＢＣの記号を付けたりしますが、その程度です。

今は、生活を管理する（目先も全体も）作業は、自分の努力も必要ですが、忙しさの中で自分の克己心や判断力に頼るのでなく、ある程度他律的にできないものだろうかと考えています。このことについては後でまた取り上げたいと思います。

3　状況が刻々と変わるなかで

じたばたと前進する

生活管理をうまくおこなっている人のイメージはどのようなものでしょうか。それは、ねらいすまして、不満や不安を抱くこともなく、また無駄な試行錯誤もなく、軸の定まったコマのように静かに高速に回転し、前進しているイメージではないでしょうか。たしかにそういうときもあるでしょう。しかし、状況が不透明で、刻々と変わるなかでは、なかなかそうはいきません。回り道をしながら、不平不満を口にし、じたばたしながらそれでも前進していくようなもう一つのイメージがあると思います。

「主は、昼は、途上の彼らを導くため、雲の柱の中に、夜は、彼らを照らすため、火の柱の中にいて、彼らの前を進まれた。」（出エジプト一三・二一）というイメージです。

これは、イスラエル民族が、指導者モーセのもと、エジプトを脱出して荒野を進んでいく様子を描写しているところです。神は、約束の地を示し、民を導きましたが、順調に前進できたわけではありません。ピンチになるとその度に、神に不平を語り、逆らうことが続き、じたばたします。しかしそれでも前進します。ぐちゃぐちゃな状況のなかで、それでも「昼も夜も」前進しつづけるのです。このようなエジプト脱出の民の姿は、まさに私たちが、状況の変化にとまどいながら時間と生活を管理する姿と重なるように思います。

この出エジプトの前進イメージは、じたばたはしますが、神の先導のもと、方向性を失わずにいます。たしかに先々はわからないものの、また予期せぬ展開が続くものの、行くべき道を信じて進むという特徴があります。私たちがさまざまな困難な状況のなかにあっても、神の計画が着実に前進しているのであれば、人生の管理者として十分に成功しているのではないでしょうか。

儀式に支えられる

状況が刻々と変わるなか、じたばたとせざる得ないことが多いと認めると、いつも自分の克己心や判断力にばかり頼るのでなく、自分を定点観測するような仕組みを持つことの大切さを感じます。人は忙しいときほど心の余裕がなく、状況に巻き込まれてしまうからです。

その有力な方法の一つとして、個人的な儀式や習慣をつくることが挙げられます。一日の時間管理にも、一〇年の時間管理にも、儀式は大切なものとなります。儀式はいろいろな節目に、立ち止まり、自己点検する機会を与えてくれるからです。

一日の節目、一週間の節目、一ヵ月の節目、季節の節目、一年の節目、いろいろと考えられます。儀式は場所も大切な役割を果たすことがあります。自宅で、職場で、公園で、教会で、喫茶店で、図書館でといろいろな場所が選べます。

また、一人で行う儀式もありますし、友人や家族と行う儀式もあります。教会と行う儀式もあるでしょう。

Aさんは、朝起きてすぐにベッドで聖書を読み、祈ります。その日の予定もシミュレーションしています。

Bさんは、尊敬する先輩Cさんと二ヵ月に一度長めのランチをいつも同じ店でします。互いの近況と課題を述べて、感想や意見を交換します。約束の日の二日前くらいから、この二ヵ月間の自分を振り返り、何を話そうかと考え始めます。

Dさんは、毎年一二月に新しい手帳を購入します。特別な一日をとり、近所の喫茶店に行きます。そこで古い手帳を読み直し、転記しながら、一年間の重大出来事と新年の目標を手帳に書き込みます。

これらは当人が儀式と思っていませんが、結果的に個人的な儀式になって機能しています。時期や場所も決まっていて、多少のことがあってもこの習慣は守られ、また心の区切りをつけることができるのではないでしょうか。
また儀式には心理的なものと同時に霊的なものが含まれます。より正確に言うなら霊的なものを意識して設定することこそ儀式の真骨頂です。儀式を持つことで慌しい日常のあらゆる状況の中でも、神と時間を過ごすことを可能にしてくれます。

個人的な儀式の作り方

このような個人的な儀式は性急に机上で作らないことが肝心です。こうあるべきだという理念でも作ってはいけません。普段の生活の中で霊的・心理的に有益な体験を持てたものを拾い上げ、少しずつ増やしていけばよいのです。既存の行事に便乗することも、新たな儀式を創出することも有益です。まずは一つの儀式を設定する（あるいはすでに行っていることを儀式として認識する）ことから始めましょう。徐々に儀式の数は増えていくと思いますが、年に一度の儀式も含めればけっこうな数になるかもしれません。

実はこの個人的な儀式は、すでにメンタルヘルスの章でとりあげたものです。しかし、状況が変化するなかでじたばたするようなとき、時間と生活を管理するためにも、この方法は有益なものなのです。

4　時を待つ

二種類の時間

人は、時間に対して二つの関わり方があります。それは能動的な関わりと受動的な関わりです。(注3)

能動的というのは、人が時間の管理者として、時間を最大限に活用し、組織的・合理的に使うものです。巷に溢れる時間管理の指南書は、これに属し、職業人としてもっと時間をうまく使い、活躍せよと迫ってきます。

しかし、人はいくら頑張っても時間を支配しきれません。どのような計画であっても人の思惑通りに進むとは限らないのです。たとえ神を認めない人であっても、運命や諦念などという言葉を使い、時間と人生が人に支配されない部分のあることを知っています。

興味深いのは、人生を決める出会いや選択は、合理的な計算とは無縁の、予期せぬ展開の中で起きるということです。そのような展開点は神が定められた特別なものとして存在します。そのような時は神が定めているのであって、そういう意味では努力しながらも、その時の到来を待たねばなりません。それは受動的な関わりです。それもきわめて成熟した受動性です。

聖書の言葉

このような受動的な時間を表現する有名な聖書の言葉があります。

天の下では、何事にも定まった時期があり、
すべての営みには時がある。

生まれるのに時があり、死ぬのに時がある。植えるのに時があり、植えた物を引き抜くのに時がある。

殺すのに時があり、いやすのに時がある。くずすのに時があり、建てるのに時がある。

泣くのに時があり、ほほえむのに時がある。嘆くのに時があり、踊るのに時がある。

石を投げ捨てるのに時があり、石を集めるのに時がある。抱擁するのに時があり、抱擁をやめるのに時がある。

捜すのに時があり、失うのに時がある。保つのに時があり、投げ捨てるのに時がある。

引き裂くのに時があり、縫い合わせるのに時がある。黙っているのに時があり、話をするのに時がある。

愛するのに時があり、憎むのに時がある。戦うのに時があり、和睦するのに時がある。


（伝道者の書三・一－八）

人は能動性を発揮し、自分の人生を充実させるよう努力すべきです。しかし同時に、時間は究極的には人の管理下になく、神から与えられるものだということを覚えるべきです。これは、自分が万能でなく、限界と弱さを抱えた存在であると受け入れることから始まります。生活管理もいろいろな方法がありますが、個人的な儀式や習慣によって足場を固めていく方法などは、「時

間との受動的な関わり」の精神につながるものがあると思います。

さて、ここでは、時間に対する受動的な関わりの観点から、人生の大きな節目となるトピックスを考えてみたいと思います。

(1) 新たな目標との出会い

神の時を待つことは、自分の目標自体も神により変更され得ることを意味します。あるとき人はそれまでの大切にしていた目標を捨て、新たな目標に移行し、大きな飛躍を経験します。どのような人であっても、ねらいすましたように成功し、計算通りにスペシャルな業績を残すということはありません。ただ、大きな業績を残す人は、現在の目標に（冷静に考えるとそれほどすごいわけではない目標に）向かっていくその過程で、現在の目標とは異質の、新たな目標に出会っています。それも本人からすると偶然に、後から振り返ると神の計画として必然に出会っているのです。

「予想以上」「予想外」「裏切った展開」。こうした人生の諸処で感じる感触は大切です。繰り返しになりますが、最初の目標や思惑に向かうプロセスの中で、期せずして別の金脈を発見することが大切なのです。最初の目標の、その先に、それも少し斜め先に、大切なものが待っているのだと思います。それは人にはすぐに分かりませんが、時間がたつ中で新たな目標と出会ったことが理解されてくるのです。

(2) スランプ対策

スランプは、誰にもやってきます。ですからスランプになることに神経質にならない方がよいと思います。しかし、スランプが深刻で長期化する場合には、注意が必要です。深刻なスランプには、「自分の実力を高く評価しすぎる」傾向が見て取れることがあります。そのために、自分のピークを基準にするので、（そしてピークがずっと続くことはないわけですから）常に本来の実力を発揮できない不全感を引きずることになります。

人は波線を描くように、普通に頑張る、すごく頑張れる、普通に頑張る、まったく頑張れない、普通に頑張る、といった具合に活動の曲線を変化させていきます（図1）。自分の限界や弱さを認められないと、時おり訪れる「すごく頑張れる」自分を、イコールふだんの自分であると考えてしまいます。すると、ほかの自分（ほとんどの自分）は、それよりも低い活動しかできないため、本来の自分でないと感じてしまうのです。本当は、いろいろなときがあって、その平均的なところが自分の実力となるでしょうし、頑張れても頑張れなくても自分の幅の一部として受け止めることが良いと思うのですが、なかなかそうなりません。

さて、スランプから脱出するためにはどうすれば良いでしょ

図1

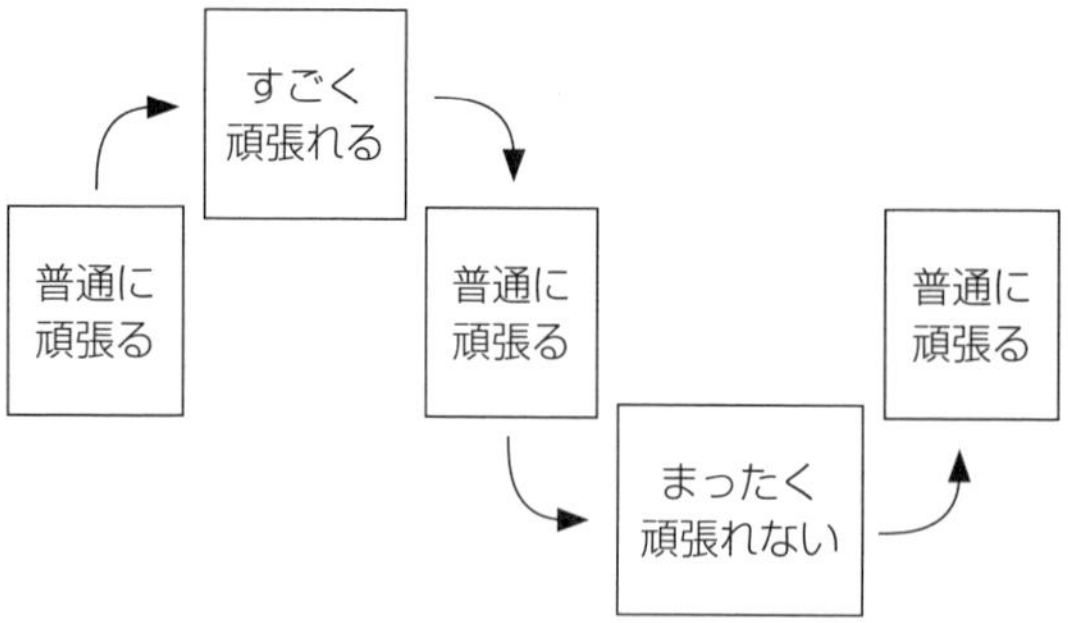

うか。多くの人は逆転満塁ホームランを狙い、一気に状況を変えようとして失敗します。スランプから脱出するためには、少しだけやり方を変えるのが得策です。またスランプ状態にあると感じたときは、いつも頑張れるとは限らない自分を認め、「すごく頑張れるモード」を手放して仕事にあたるべきでしょう。

「できることの少ない日は、少なくなにかをする」(注４)という感覚は大事で、弱さを受容した人の姿だと思います。

(3)　再スタート

私たちは人生の勝負所で、足止めを食らったり、休養に追い込まれたりすることがままあります。一定の期間の後、復帰し、再スタートするとき、人は極端な大活躍を目指しやすいのです。たとえば、うつの患者さんが、職場を休職し、その後復帰する際など、「周囲が驚くほど活躍して、休んでいた分を一気に取り返したい」などと言います。

しかし、本当は、復帰当初、「必ずしも活躍できない自分」「思うようにいかない弱い自分」を差し出し、さらすような覚悟がないとうまくいきません。そこがないと、かえって失敗しやすいし、結果的にそのような開き直りがないと、空回りが続いてしまうことでしょう。

こうしてみると、人生の目標の再調整、スランプ対策、再スタート、どれも、自分が時間の支配者であったことを放棄し、謙虚に受動的に関わることが共通しています。そしてそれを支えているのは、自分の限界や弱さを認め、良い意味で開き直る姿です。

5　休む時間

二つの休み方

牧師先生お二人とお茶話をする機会がありました。牧師研修会の講師を引き受けた際の事前の打ち合わせだったと思います。話題はいつしか牧師の休息になっていました。中堅の牧師が、長期休暇の必要を述べました。大学の教員のように制度として、何年かに一度、数カ月、できれば一年くらい仕事から離れ、休暇を取れることが理想だと言うのでした。それを聞いたベテラン牧師は、それをやんわりと否定し、忙しさのただ中にあっても、そうした日常の中で安らぐことが重要ではないかと言いました。「忙しさのただ中で安らぐ」「本格的に休む」。この二種類の休み方は、人がいかに休むべきかを考える最大の論点だと思います。

私はお二人に言いました。「忙しさのただ中で安らぐ」「本格的に休む」、この二つのどちらが正しいかと考え始めたら、出口がなくなる。どちらも同時に必要なものだと考えたい、と。

牧師に限らず、時間に追われる私たちが、考えるべきなのは、いかに休むかということです。これこそ時間の究極の使い方かもしれません。そして「ただ中で安らぐ」「本格的に休む」の双方を大事にし、バランスをとることです。どちらかばかりに思いを寄せると非常にバランスの悪いことになります。

休む決断

ベテラン牧師はさらに続けて、こう言いました。実際に長期休暇の制度があっても、それを使うとなると、なかなか決断ができないだろうと。これは、休むことを真剣に考えているすべての人の困惑であるとともに、休むこと自体を諦めてしまった人の隠れた本心でもあります。

休むには大きな決断が必要なのです。

「これをやらなければ何か恐ろしいことが起こるだろうか」

「これを手に入れなければ何か大変な事態になるだろうか」

「現在抱えている仕事を、今はここまでと区切ることはできないだろうか」

こうした自問を行い、何もしない時間、休む時間を積極的に確保する決断をする必要があります。組織であれば制度を、個人であれば工夫やルールを休むために導入することは大事なことですが、まずこの自問と決断が必要なのです。

休むことと統合

休む決断は、すべての人に必要ですが、とりわけ本格的な休暇をとることに懐疑的な人にはいっそう必要なことになります。それでは反対に、ただ中で安らぐことに懐疑的で、明確な休暇をあてにしすぎる場合はどうでしょうか。

この場合も、「忙しさのただ中で安らぐ」と「本格的に休む」のバランスとして考えておく必要があります。というのもこの二つのバランスを崩すと、仕事はただ忙しく我慢するだけのものとなり、休むことはそれを支えるだけの手立てとなることがあります。皮肉なことですが、「本格的に休む」が日頃の憂さ晴らしとして拡大していけばいくほど、仕事や日常のストレスフルな環境は肥大化し、重量化していることがあるのです。

本当は、仕事の中に、休みや遊びの要素を見いだし、仕事と遊び、忙しさと休暇といったこれらの統合に向かっていくことが理想なのだと思います。自分の心の中にある「休む」ことへの憧憬を、無視するのか、痛み止めに使うのか、崇拝するのか、統合するのか。人は、多少とも歳をとってくると、仕事と遊び、あるいは忙しさと休暇、これらをどうするのかという分岐点に立つのです。

6　断ること、模倣すること

時間や生活を管理する際に、心のエネルギーを使い、メンタルヘルスに影響を与えるものとして、「仕事を断る」ことがあります。最後にこのことを考えます。そして、それに関連して、模倣の意義についても触れてみたいと思います。

さて、人の忙しさは個人で完結するわけでありません。仕事を他人に委譲したり、新たな仕事の依頼を断ったりすることがあります。

そうすることで、自分の仕事量をコントロールし、「身軽に」（出エジプト一八・二二、口語訳）なることができます。

ここではまず「他人に委ねる」ことと「断る」ことを取り上げます。ついで、私の一時期役にたったワザを二つ紹介します。それは小さいアイデアですが、大きなヒントになると思います。

(1)　他人に委ねる

ある管理職のビジネスマンが後輩に伝授した仕事の極意が五つありました。

①適任者に任せる。②手の空いている人にお願いする。③詳しい人に聞く。④根回しを心がける。⑤困ったときには他者に相談をする。

要するに、いろいろなかたちで他人に委ねることを、言葉や視点をかえて五項目に分けたようなものです。これが極意だと言うのです。

それを実現するためには、自分ですべてをしようとするスタイルから解放されることです。あの人には一〇〇パーセント任せられないと感じても、どこまで任せられるか、いかに任せられるかと考えることで、部分的ではあっても委譲することができます。

(2)　断る

断るという作業は大変なエネルギーを使います。ここでは断るかどうかの判断に際して、いくつかの自己チェックを行うべきでしょう。

①見栄をはらない。②自分しかできないと思いあがらない。③優先順位にてらしてどうか考え

る、という点検です。そしてあらかじめ断る際のポイントや基準を作っておくことが役立ちます。

二つの実例

ここでは、断り方の実例を二つ紹介します。いずれも私が身近な人物（あるいは雑誌記事）から教えられた方法です。断り方については模範解答はないと思います。所属する組織やネットワークによって交渉の仕方が異なるからです。

皆さんも自身の経験を語り、また他人からも語ってもらい、そういう中で、自分にふさわしい方法を見つけていくことが理想だと思います。その際のささやかな素材として、私がある時期に実践していた方法を語らせていただきます。

まず一つ目は、「手帳えんぴつ法」と勝手に名付けています。断ることが赦されにくい環境の中で安全確実にそれを実行できます。私は、牧会ジャーナルという雑誌の記事の中で、ベテラン牧師が後輩の牧師たちに向かって伝授したものを読みました。(注5)

まず手帳に予定を書き入れますが、自分のための予定、家族のための予定をあらかじめ、えんぴつで記入してしまいます。個人で違って良いのですが、きっと少し多めでいいと思います。休息のための時間も予定に入れます。

他から依頼を受けた際、「実は先約がはいっていまして」と堂々と断れる、というものです。もちろん、えんぴつですので、時と場合によっては、後からの仕事を優先し、消すことも可能です。私の好みとしてはえんぴつは消さずに斜線を引くのが良いと思います。あまり簡単に消えてしまうのは良くありませんし、あとからどのくらい消してしまったのかを振り返ることができるからです。

二つ目は、「部分引き受け法」と勝手に名付けています。断る際は、一〇〇パーセント断るのか、一〇〇パーセント引き受けるのか、という極端なかたちになって葛藤します。実際は、その中間で処理することが行われています。一〇〇パーセントやってくれと依頼されたが、今回はこの二〇パーセントだけを引き受けることにするといった具合です。

断るワザの継承

手帳えんぴつ法も、部分引き受け法も、自分にあわないと感じたら、それを実践する必要はありません。こうしたワザは無限にありますので、相性の良い物をゆっくり探せばよいのです。

考えてみると、全く断れずに言われるままというのは困りますが、逆にすべてにわたって問答無用とバサッと切り捨てるのもどうかと思います。そこには依頼主の都合もありますし、お互い様の事情もあります。先の二例は、断る際に対決構造を作らないという点でユニークだと思います。ほかにも断り方には、たくさんの方法があると思います。

もう少し言えば断り方に模範解答はないと思います。属する組織やネットワークの相場もあるでしょうし、自分自身の個性もあります。そのような多種多彩な要素を背負って断り方は成立するのだと思います。断り方に限りませんが、模範解答のないものは、同じような立場にある仲間や先輩の体験知を共有し、それらを参考にし、場合によっては模倣することが有益であると思います。

本章の最後に

いかに休むか。いかに時間に追われずに生きるか。いちばん参考になるのは、忙しさの中でうまく休み、創造的に時間を使っている人の姿です。そういう人の休み方をまねることは、創造的です。重要な体験知を一気に継承できる大変お得な方法と言えるでしょう。

究極の休み方、遊び方、活動の仕方のお手本は、イエス・キリストです。三〇歳からの公生涯の中にもいろいろなお手本が登場します。また、それ以前のイエスの暮らしぶりも明記されていませんが、たとえ話などから少し推測できます。イエスの気晴らし行動はあったのでしょうか。イエスの安らぐ方法はどのようなものだったのでしょうか。この作業は読者におゆだねして、本章は閉じたいと思います。

（注1）考えてみると、がむしゃらに頑張る生き方、忙しさを求める生き方は、人生前半戦でそう教育され、奨励されてきたものである。
ところが人生の後半戦になると、生活も、時間の使い方も変わり、量から質へと移行してく。広げることから絞り込み、深めることに重点が移ることになる。この転換点以降では、自分の忙しさを点検し、忙しさの有

無・多少にかかわらず、自分らしく生きることが求められる。だからこそ自分を忙しくさせている正体を分析し、後半戦にふさわしい時間の使い方を身に付ける必要がある。それは自分らしい独自の使い方になっているはずである。

（注２）目的とは抽象的な方向性であり、目標とは測定可能な具体的な目的である。たとえばあるクリスチャン学生は、人生の目的の一つを現時点で、「心理カウンセラーになり、教会に仕える」ことを考えている。そして現在の中期目標を「心理カウンセラーの勉強の出来る大学院に進学する」ことなどを挙げた。そしていくつもの短期目標を設定している。たとえば「受験英語を参考書Ａでしあげる」などを設定している。日々の課題も、受験英語にまつわるものは優先していく。このように最初に目的を固め、目標におろしていく。

（注３）佐藤敏夫『忍耐について』七四頁、日本基督教団出版局、一九七五

（注４）「ほぼ日刊イトイ新聞」糸井重里「ほぼ日手帳二〇〇九」七月八日欄の今日の言葉〈今日のダーリンより〉二〇〇八

（注５）大塚寿郎「舟の艫でのセルフ・ケア」『牧会ジャーナル』第四〇号、一二五－一二七頁、いのちのことば社、二〇〇八

第4章　ストレスと問題行動

1　私たちの選択

トラブルを起こした人が、その動機を「仕事のストレスでむしゃくしゃしていた」と説明したり、周囲がそのように解釈する場合があります。

ストレスが高まると、そのせいでなにか悪い反応が自動的に吐き出されるイメージを持つことがあるかもしれません。しかしことはそう単純ではありません。ストレス状況のなかで、私たち一人ひとりは主体的にどう対応していくのかを選び取っているのです。だからこそ、人によってストレス反応の出方、方向などが違ってきます。同じように激しいストレスを受けながらも、トラブルや問題行動とは無縁に暮らしている人もいるのです。

それでは、問題行動に出たその人自身のなかに、歪んだ価値観があって、それが特定の問題行動を発動させるのでしょうか。そういう場合もありますが、多くは、価値観の問題ではありません。

驚く方もいると思いますが、熱心なキリスト教信仰を表明しながら、そして価値観としては非常に健全なものを持ちながら、犯罪や非行を犯す人たちがいます。価値観や信仰心は問題がないのに、逸脱した行動に出てしまうのです。このようなことを考えると、信仰者としての成長や成熟には、霊的・信仰的な面だけでなく、心理的な面からのものがあるのだということをあらためて教えられます。

また、ある信仰者が犯罪を犯したとき、周囲が単純に二元論で割り切り、最初からあの人は偽クリスチャンで、本当のクリスチャンとは別物なのだという説明をすることがありますが、それも多くの場合違うように思います。不祥事を起こす信仰者はむしろ信仰に熱心で高い理想に邁進します。しかし、その理想の高さと熱心さが孤独な玉砕を生み、逸脱に結びついてしまうのです。後に詳しく述べますが、二元論では現実に起きていることを説明できません。

このようなことを踏まえ、第4章では、ストレスと関連して、問題行動について述べることにします。先に中年期危機として、病気になったり、問題行動に出たりすると言いましたが（六三頁）、危機の反応として、病気に向かうか、問題行動に向かうのかは、かなり異なった方向です。[注1]第4章では、この反応の選択の話から考えていくことにしたいと思います。

皇族の話

ストレスのかかる職業は多々ありますが、そのなかでも厳しいのは、皇族だと思います。日本中が映像も含めてその一挙一動を追っています。住居の自由もありませんし、信教、思想の自由もありません。慣習や無形の制約事項は多く、想像を絶するものだと思います。この皇族のように深刻なストレス環境に身を置く人たちは、ストレスをかけられるなかで、二つの異なった反応を出します。

一つは、「行動化」です。多くは恋愛行動に出ます。もう一つは、「内攻」で、心身の病気に出ます。そう考えると、英国の王族などは、逸脱した恋愛関係で生き延びているように思えますし、日本の皇族は、病気のほうに反応していると言えるように思います。失語症とか、適応障害とか、いろいろと取りざたされていますが、病気の方向です。どちらの方向に出るにしろ、それくらい彼らが受けているストレスはすごいのだと思います。

あるご婦人との会話

それではクリスチャンの場合、また牧師の場合はどうでしょうか。二つの反応に出るのは基本的に同じだと思います。ある時、大学の仕事で接点のあった、年輩のクリスチャンのご婦人と電車で偶然お会いしまして、三〇分くらいそのままお話をする機会がありました。その方が、私がカウンセラーだということで、いろいろな質問をされました。教会では役員をされ、教会のことを熱心にお考えのようでした。ちょうど牧師のメンタルヘルスの話題になったとき、彼女がこう言いました。

「牧師でも、タフな人とそうでない人がいるのではないですか?」と。というのも「私の行っている教会の先生はタフで、びくともしません」とのことでした。そこで、私は何気なく、「人はストレス反応として二つあると言われていますね。一つは病気の方向に。もう一つは金銭や異性問題など行動化に」と言いました。すると彼女は深くうなずき「ああ。そうですか。確かにうちの牧師はタフだと思っていましたが、女性問題という意味ではいろいろありました。そういうことですか」と真顔でお話しになりましたので、かえって私のほうが驚いてしまいました。ちょうど皇族・王族の二つの反応に重なります。

2　二つの反応

私の経験談

私は犯罪カウンセリングがカウンセラーのスタートでした。矯正施設で来る日も来る日も非行や犯罪を犯した人の面接をして、一〇年が経ったときに、一人前のカウンセラーになったという自負がありました。そこで、守備範囲を広げ、カウンセラーの技能に磨きをかけようと思いました。それまでは、非行や犯罪者のカウンセリングをしていたので、今度は一般のカウンセリングをしてみたいと思ったのです。当時、職場の外部研修制度があって、月曜日から金曜日までは施設で非行の面接をし、土曜日だけ民間の心理相談室で、研修名目で一般的な（非行・犯罪以外の）カウンセリングを体験できることになりました。

その民間の心理相談室に来られる方は、おおざっぱに言って、ご本人が「うつ」であったり、あるいは、親として子育て（とくに子どもの不登校）で悩んでいたりしました。また家族に精神障害の方がいて、家族としてどうかかわればいいのか、という相談が多かったように思います。そして非行や犯罪の相談はありませんでした。

私なりに、一〇年間努力してカウンセリングの勉強をしてきたつもりもでしたので、自分の切れ味を試すという強気の思いもありました。しかし、実際に民間の相談室に行ってみるとまったく自分のやり方が通用せず、カルチャーショックの連続で混乱してしまいました。ありとあらゆることが、私がやってきたものと違ったのです。私のほかにも研修名目で参加しているカウンセラー（病院や児童相談機関）が数名いましたが、私だけがケースについての話し合いのときに、話が通じず、浮いてしまうのです。それはショックなことでした。

三つのショック

ありとあらゆることが違いましたが、特に印象的なショックをいくつか述べます。まず、民間相談室にいますと、相談に来たクライアントの方がすごくしゃべります。ここが困っていてこれも困っていますといった具合です。時間いっぱい機関銃のようにお話が続くことも珍しくありません。一方、非行・犯罪カウンセリングは沈黙がちです。いかにカウンセラーがするどい質問をしてその思いを引き出すのかが大事なのです。

また、民間相談室で面接をしていると、クライエントの方がカウンセラーに感謝してくれます。ましてや、良好な解決に至ると、本当に尊敬されるように思います。非行・犯罪カウンセリングの場合はあまり感謝されません。むしろ、文句を言われることがあります。たとえ良好な解決に至っても、もっと早く面接を終結して欲しかったなどと言われたこともありました。

また、一般の民間相談室は、カウンセリングの終結（最終回）が非常に分かりやすく訪れます。今日、これで終っていいんだなというのが分かります。不登校の事例であれば、そのお子さんが徐々に変化し、実はお子さん以外の家族も変化し、あるとき登校を再開します。陰に隠れていた家族の課題も進展があり、安心して終結できます。非行・犯罪カウンセリングはそこまで明確に分かりません。本当に平気だと思えるまで引っ張って終わりにしたときには、振り返ると、実はもっと早く終わりにできたのかなと思うことがよくあります。しかし、どんなに熟達したプロでも、その時点ではやはり分からないのです。後から振り返って始めて分かるのです。ところが、普通の相談室の相談は、だいたい分かりますし、拍手もわく感じです。先のように感謝もされ、一つのケースをゴールに導いたカウンセラーとしての達成感が味わえます。同じカウンセリングでもこんなに違う世界があったのだと感じました。

このようにまったく違うカウンセリング現場を体験して、ショックを味わったのですが、それまでの一〇年間の職業生活を否定されたようで、深刻な混乱となりました

二つの反応

その時に、私はこう考えました。人は大きなストレスを感じたときに、二つの選択をするのではないかということです。一つは、大きなストレスに圧倒されて、へたりこんで甘える反応で

す。もう一つは、ストレスにあってもへこたれず、向きになって背伸びをして、あるいはやせ我慢をして強行突破をするという反応です。本書では、前者を「甘え・へたり込み」型の反応、後者を「背伸び・強行突破」型の反応と呼びたいと思います。

この二つの反応は正反対の世界だと思います。しかし、どちらが良い悪いということはありません。ケースバイケースで、どちらも柔軟に使っていくのが健康なあり方です。

たとえば、明日の朝までに提出する文書がある、でも風邪を引いてしまった。そんなときに、徹夜してでも書くというのが、背伸び・強行突破型の反応です。それとは逆に、弱音をはいて、締め切りを数日延ばしてもらうのは、甘え・へたりこみ型の反応です。どちらもその場に合わせて選び取っていく、というのが大切なところです。しかし、人間は面白いことに、余裕がなくなってきたり、状況が悪化してくると、どちらかばかりを偏って選びはじめます。さらに悪化してくると、今度はどちらかだけを判で押したように徹底して選んで使います。こうなるとかなり問題が生じやすくなります。そして、その果てにトラブルや様々な問題が生じます。

少し単純化して言いますと、へたりこんで、甘えて、すべてどのような状況でもその方向にだけ進んでいこうとすると、引きこもりとか、不登校とか、あるいは精神的病いの多くのものが、その延長線上につながって登場します。逆に背伸び、強行突破ばかりを使いすぎると、息切れが始まり、ある時ポンとはじけて脱線します。非行、犯罪のメカニズムでもあります。それから繰り返される異性問題、金銭問題も、背伸び・強行突破型の問題ですし、アルコール依存、ギャンブル依存など、依存症もそうです。

二つの反応の対比

二つの反応型を比較すると、表1のようにまとめられます。

甘え・へたり込み型と、背伸び・強行突破型とは非常に対照的です。

甘え・へたり込み型の反応は、平素のときには、じっくり考え、慎重で回避的な姿として現れます。困ったときには、身近な人に、助けを求めようとします。背伸び・強行突破型の反応は、平素は、がむしゃらで、なせばなるという精神で何事も臨みます。強い自分を意識していますので、弱みは見せませんし、困ったときでも助けを求めません。援助者が声をかけると、ほっておいてくれと拒絶します。そこまで露骨でなくても、平気です、困ってなどいません、などと愛想なく応じます。要するに助けを必要とするような弱い自分ではないというのです。

甘え・へたり込み型は、本人が弱り、へたりこんでいますから、カウンセラーとしての援助方策として、時間

表1　2つの反応型

	甘え・へたり込み型	背伸び・強行突破型
平素の姿勢	＊じっくり考える ＊慎重で回避的な姿勢	＊なせばなるとの姿勢 ＊弱みを見せない
援助者への態度	＊助けてください ＊困っています	＊ほっておいてくれ ＊別に平気です
問題化	＊引きこもり、不登校 ＊非社会的に →極端な場合、精神的な病い	＊様々な問題行動、トラブル ＊反社会的に →極端な場合、犯罪や依存症
援助の原則	＊受容、見守り、励まし ＊自立の芽生えを待つ	＊対決、限界設定 ＊堅実な生活に方向付ける

をかけて待ってあげる。本人が動き出すのを励ます、しからない、本人が自ら動き出す芽を伸ばしてあげる。そういったような初期のかかわり方が必要です。

ところが、背伸び・強行突破型は違います。こちらはずっと動き回っていますから、止めなくてはいけません。立ち止まらせるのです。ですから、まず「あなたは面接を受ける必要、治療を受ける必要、指導を受ける必要があるでしょう」というところをしつこく確認するわけです。そして、本人に「ある」と言わせるわけです。背伸び・強行突破型は自発的には相談になかなか来ません。ですから問いかけます。「本当にこのままで不安ではないですか、また同じような失敗をしないと言い切れますか。だったら何とかするために次回もここでお話ししましょう」というようなことを問いかけて来てもらう。対決しているわけです。受容と対決、両方ともカウンセリングに大切なことです。

さて、このように二つの反応型をもとに考えるようになると、にわかに起こっている私の混乱が了解できるようになりました。

私は、就職以降、非行・犯罪の実務家として仕事をし、背伸び・強行突破の人たちを相手にしていたわけです。そしてそうした領域で必要なカウンセリングのスキルを身につけました。一〇年後に民間の相談室に研修名目で行ったときには、突然、甘え・へたり込み型の人たちが、私の目の前に現れたわけです。当然、カルチャーショックのようなものを感じて困惑することになったのです。この二つの型は、対照的で異なった理解と方法が必要なのです。

3　二つの反応（2）

強行突破は良いことか？

背伸びをして、がんばって強行突破することはむしろ良いことで奨励すべきことではないかと言う人がいます。それは、その人が、自分は強行突破しています、と言っても、適度にへたり込みも平行して使っているからバランスが取れているのです。本当に全て背伸び、強行突破で行く人はとんでもないことになります。

たとえば、ギャンブル依存の人がギャンブルに金を注ぎ込みすぎて、借金問題で苦しみます。そういう依存行為を繰り返し、これは性格の問題でなく病気であり、治療が必要なのだと考え、心理相談室に来ることになります。多くの場合、ギャンブル依存の男性が、奥さんに首根っこをつかまれて連れてこられるわけです。私は面接の最後のほうでいつも聞きます。「このン百万円の借金どうやって返すおつもりですか」と。そうすると、多くのギャンブル依存の人は本音でこう答えます。「もう一回やらせてください。それで返します」と。これはすごい発言です。もう一回だけやって当てれば、すべて帳消しでハッピーエンドになる。確かにないことではありません。強行し、うまく成功すれば逆転満塁ホームランを打てる。一〇〇かゼロの玉砕の生き方です。これがバランスの欠いた強行突破型の反応です。しかし、そういう考え方が一連の悲劇を生んできたわけですから、良い解決策とはとても言えません。

企業組織で起きていることを例に

さて、こうした二つの反応型を、企業組織で考えてみるとその対応がずいぶんと対照的になっているとと思います。たとえば、企業戦士がストレスで駄目になってしまう。

一つは「うつ」になって仕事が思うようにできなくなる。きちんとした企業であれば、それは病気だということで対応してくれます。休職や配置転換、復帰時の馴らし出勤など具体的な配慮もあります。これは、甘え、へたり込み型の人への対応になっています。

これが背伸び・強行突破型の人になると企業の対応はどうでしょう。まず、そういう配慮はありません。当事者も助けてほしいとは思っていませんし、そもそも問題とされるような状況はないと主張します。こういう人は、突っ走るばかりで、トラブルを繰り返す場合が多いのです。セクシャルハラスメントやパワーハラスメントもそうです。金銭問題もそうです。しかし組織側はすぐには動きません。動きたくても動けないといったこともあります。最後は大きな不祥事として露呈したときに、法律問題、組織服務の問題として一気に動きます。懲戒処分、多くは首を切るという形で対応するのが現状ではないでしょうか。企業で起きていることも「甘え・へたり込み型」と「背伸び・強行突破型」では、その対応が違うのです。もっとも、「甘え・へたり込み型」の人たちに対しては、彼らが「助けてくれ」と言ってくれているわけですから、「ならば助けましょう」と周囲が応じてきた歴史があり、援助するためのノウハウの蓄積があります。逆に背伸び・強行突破型の人たちは「放っておいてくれ」と言っているわけですから、「勝手にしろ」ということになり、放っておくわけです。周囲はどこで手を出すかというと、放っておいて、彼らが崩れに崩れて、法律問題などになったり、問題がふくれあがって緊急事態になったりしたときに、パ～ンと切り捨てるように介入し、彼らを排斥します。それが現状だと思います。

二つの反応型を見極めないと失敗する

この対照的な二つの反応型を混同すると大変なことが起きます。典型的なカウンセリングの例でいいますと、中二の娘さんのお話を伺ったケースがあります。この娘さんは、中学に入ってから夜遊びが始まり、不良交遊の範囲も広がって、とうとうチンピラまがいの不良者と同棲を始めてしまいました。母親は、カウンセラーに相談に行ったところ、そのカウンセラーからは、「見守ってあげてください、しからないでください」とアドバイスを受けました。母親はそのアドバイス通り、実際に見守って、しからず、時おり娘が服を着替えに帰って来たときにも、小遣いを上げたりしたと言います。ところが、どんどん娘は自分から離れ、親の手の届かない危ない世界に入っていくのではないかと不安に感じ、私の相談室に来られました。私は「今日、ご主人と一緒に同棲先に踏み込んで、無理やりでもかまいませんから娘さんを自宅に連れ戻してください」と申し上げました。そのお母さんは、「そんなことをしていいのですか」と言われました。これには、何が起きているかというと、「甘え・へたり込み型」と「背伸び・強行突破型」への対応に混同が起きています。不登校やひきこもりであれば、見守ってあげるべきですが、遊びすぎて、同棲までして、学校にも行かないという人に対しては、「背伸び・強行突破型」の世界の原則で対応しなければいけません。なのに、逆の反応型側の原則で対応をしてしまったので、激しい混乱をしてしまったのです。このように、この二つの反応型を意識するというのは、理解や援助の戦略上大事だと思いますし、今、社会で起きていること、教会で起きていることについても、そういった視点で整理する必要もあるのではないかと思います。

4　後悔するが悩まない

背伸び・強行突破型の生き方を硬直に続ける人について、もう少し心理的特徴をみていきたいと思います。

第一の特徴・後悔するが悩まない

第一に強行突破型の人は、「後悔するが悩まない」生き方を続けているということです。彼らはトラブルを起こしたり、大きな失敗を起こしたりして、にっちもさっちもいかなくなると、その場では虚勢を張ることもありますが、やがて冷静になります。そして我が身を振り返りながら後悔します。これまでのことを悔やみ、もうしないと決意するのです。それは嘘や演技でなく、本気でそう考えているのですが、しかし、悩んではいないのです。自分に問題があるとは考えず、どこか人ごとのように後悔するばかりです。

失敗の原因は？

強行突破型の人は、自分の失敗を振り返って、あのときのあの行動がいけなかったのだと考えたり、その時の自分がどうかしていただけだったと考えたりします。あるいは当時の状況が悪かったのだとか、あの人がああだからこんな目にあったのだなどと考えるのです。要するに、本来の自分は有能であり、間違っているわけではないことを大前提にしたうえで、あの時のあの状況がなければ、こんなことになっていないのだと言い訳をしている姿なのです。そこでは、自分の生き方や本来的な性質について問題を認める視点はまったくありません。自分のあり方について悩まないのです。あくまでも自分の本質的なものから遠く離れたところの小さな判断ミスやその場の状況などにばかり目を向け、問題にしているのです。

私からの質問

私はそういう人と面接するとき、率直に「なぜ今回のようなことをしてしまったのか。自分の性格になにか関係してはいないか」と質問します。そこでよく返ってくる答えには二つのパターンがあります。一つは「意志が弱かったから」と、もう一つは「短気だったから」というものです。そしてそういう人は、悪びれずに、人ごとのように自分のことを語ります。そこで、さらに私から質問します。「意志が弱くて失敗したならまた意志が弱くて同じことを繰り返してしまうのではありませんか」「短気が原因ならまた短気で失敗することがあるのではないですか」と。するとと彼らは自分の真意が伝わっていないと憤慨し、いろいろなことを言ってきます。

要するに彼らの言いたいことは、「今後意志さえ強く持てば、自分はそんなことをするような人物ではないのです。意志の弱かったのはあの場面だけです」「短気にさえならなければ、自分はまったく問題のない人物なのです」ということなのです。強行突破型の生き方はこれほど自分の弱さを認めることができないのです。

5　バラ色の未来

第二の特徴・バラ色の未来

私は「これからはどうするのか」とよく質問します。すると、多くの強行突破型の人は、実に景気の良いことを語り始めます。現実離れしたバラ色の未来を聞かせてもらうこともままあります。彼らは、悩まないばかりか、今後については、大成功するのだと考えようとします。

しかし、カウンセラーの経験からいうと、今後のことについて、景気の良い、バラ色の再出発を語りすぎると、その後がかえって危ないのです。バラ色の度合いが高ければ高いほど、すぐに次の挫折がやってくるのです。

現実味

さきほど例に挙げましたギャンブル依存のように、「もう一回やって当てさせてください」というのは、やはり常識からは外れたバラ色の発言です。極端すぎるのです。非行のカウンセリングの例を言いますと、再出発にあたって、バラ色のことを言い過ぎる人は、非行から卒業できません。非行から卒業間近の人はすごく地味なことを言いますね。これは経験則ですが、かなり言える傾向だと思います。

たとえば父親に対する深刻な葛藤・対立のある非行少年がいたとします。施設を出て、親元に戻るに際して、「これからは男同士の友情をはぐくみ、時には自分から居酒屋に誘い……」などと言う人は、このあとあまりうまくいかないです。むしろ「これまで十数年間やってきて駄目だったので、何かを変える自信はないけれども、少なくとも頭ごなしに叱られたとしても感情的になって家を飛び出すようなことはやめようと思っています」、というような地味なことを言う人は、そこそこ良いスタートを切ることができます。たとえ予期せぬ逆風が吹くことがあっても安定した再出発をはかることができます。それくらいに、再出発にあたって、バラ色か地味か、ということが大切なサインになります。

このバラ色の未来というのは、こちらが聞いていて恥ずかしくなるような景気の良い話です。また、あまり実体がなく現実的な検討のなされていない話です。こうしたことは、非行だけではなく、一般の人が、強行突破的に問題を解決しようとしたときにも起きます。それを乗り越えようと、現実を無視して前進するときに、ひたすら未来はバラ色にふくれあがるのです。

二つの積極的生き方

それでは、なぜ、バラ色の未来では失敗するのでしょうか。それは現実を観ているかどうかにかかっています。本当に、現実をきちんと見、悲観的な状況を十分に認識したうえで、それでも気持ちをふりしぼってポジティブに高い目標に向かうのであれば、これはオーケーです。そうではなくて、足元を見ずに、ひたすら目標を高くするだけの幻想的な作業を続け、麻痺したあげくのバラ色というのはアウトです。同じ積極的な生き方とはいえ、この二つは似て非なるものです。ここには何が起きているのでしょうか。

6　息切れの悪循環

実は強力な悪循環が作られています。一七頁でもすでに触れていますが、大切な考え方ですので、繰り返しになりますがもう一度説明します。

ある人が、多少の背伸びをしながらも頑張りの生き方をしていて、壁や限界が来たとします。そこでは息切れ状態に陥っているのですが、本人は自覚していません。本当はこれを機に、目標を見直したり、人に弱音を吐いて援助を請うたりしてもよいわけですが、本人には思いもよりません。ひたすら、自分の頑張りが足りないからうまくいかないだけであって、この事態を打開するためには、従来以上にもっと頑張って、強行突破しなければいけないと思うのです。そこで、背伸びの姿勢をさらに強いものとします。すると、ますます息切れ状態が深刻になります。すると、この段階でも立ち止まれず、背伸びをますます強くしていきます。そしてそれは、ますます「ますます息切れ状態」になって、さらにますます「ますます背伸び」になっていくのです。こうして雪ダルマ式に息切れの悪循環は深刻化していきます。自分の息切れ状態を認めないと、この悪循環は止まらないのです。そして悪循環が深まるたびに、すなわち現実の息切れ度合いが深刻になるたびに、自分にムチ打ち、惨めな自分の姿を見ずにすむように、高い目標を持ち出すのです。

危険な状態

ギャンブルの借金苦のなかで、次に大きく当てればむしろ景気の良い未来が手に入る、などというのも幻想の物語です。日本の歴史に目を転じれば、先の敗戦間際に日本が、敵機の襲来に備え、婦人たちが竹やり訓練をしたというのも、悪循環のなせる技だと思います。幻想の物語です。現実を受け止めていないからです。

そしてこの悪循環の中にいると、周囲からの助言や批判に耳を貸せなくなります。自分の心にも、身近な人たちの思いにも非常に鈍感になっています。善意の助言ですら、自分の価値ある目標や使命を遂行することを邪魔するものとしか思えなくなっています。そして常識的な検討能力が非常に落ちてしまいます。バラ色の悪循環というのは、大変危険な状態なのです。

真に悩むことのできる人

これほど、強行突破型の人が、自分の失敗に向き合い、自分の弱さを認めるというのは難しいことなのです。いや、こうした心のやりくりは私たち一人ひとりも同じです。

なぜ難しいのでしょうか。それは自分の弱さや限界を認めてしまうと、自分の人生すべてが壊れてしまうという絶望感があるからです。自分のプライドも、自分の人生イメージも、親や周囲の期待にこたえることも、すべてが壊れてしまうという感覚があるのです。ですから、言い訳をしたり、バラ色の未来に酔うことで、現実の自分の姿を見ないですむように、そして絶望に至らないようにしているのです。

私たちは、背伸びをし、懲りないことを繰り返す強行突破型の人たちに向かって、自分の弱さや限界を認めてもすべてが壊れ去るわけではないことを、また無理に頑張る生き方を止めてもあなたの価値が下がるわけではないことを伝える必要があります。そして、後悔ではなく、真に悩むことで、これまで見えなかった様々なことを見いだすことのできることも伝えねばなりません。

7　脱線する意味

ある人に、カウンセリングの仕事を痛烈に批判されたことがありました。

窃盗を犯した人と面接をして、その動機を解明する、などという仕事に意義があるとは思えない。そのようなことは一目瞭然ではないか。金を盗むのは金が欲しいからに決まっている。非行や犯罪を減らすのには、経済を立て直し、景気を向上させることが特効薬となる。これほど自明なことに、ごちゃごちゃとなにを付け加えようとするのか。

ここまで極端ではないにしろ、案外、こうした発想をお持ちの方はいるのではないでしょうか。

心の世界

ここにマンガ本を万引きした少年がいるとします。なぜ万引きをしたのかと本人に聞きます。すると彼はしばらくの沈黙の後、「そのマンガ本がほしかったから。小遣いがなかったから」と答えます。社会常識からするとこれで一件落着です。原因が分かったからです。しかし、実際にはそれだけで万引きが行われることはありません。その証拠には、親や周囲の大人が彼にマンガ本を買い与えても、あるいは小遣いを余分に与えても、必ずしも万引きがとまるとは限らないからです。

もしかしたら彼は一緒に万引きをした仲間の顔色をうかがったのかもしれません。あるいは、その書店の店員の態度に不快感を募らせていて、店員が困る顔を見たかったのかもしれません。はたまた前夜に両親がけんかをしていたことを気に病んでいて、気を紛らわすために、蛮行を求めたのかもしれないのです。また、少し前に学校の成績のことで叱られたことが影響しているのかもしれません。どれもこれも嘘ではありません。見栄や当てつけ、気晴らしなどいろいろな意味が同時に存在しているというのが本当のところなのです。万引きをはじめ非行は、これらの意味がたくさん重層して、行われます。しかし、たいてい本人も周りの大人もそうしたことをあまり自覚していません。だから、一〇も二〇も、たくさんの意味が存在しているのにもかかわらず、常識的な「いかにも」という理由をとりあえず取り出して納得しているのです。

もっとも、私たちはふだんの生活のなかで、いちいち多層的な心の世界を考えていたら、物事が円滑に進みません。原因を分析して対策を講じるという行為も、多くの場合、表層的に単純化すればこそできるものなのです。しかし、心の世界で行き詰まった事態に遭遇したなら話は別です。そうしたとき、私たちは本来の多層的な世界に立ち戻らなくてはならないのです。

問題行動の意味

非行の動機が多層的なのと同様に、問題行動全般にはたくさんの動機があります。必ずしも本人に自覚されていないものが多いのですが、確かにたくさんの動機があります。

それらの動機は個々人によって違うわけですが、心の深い層まで観ていきますと共通した意味も見えてきます。問題行動の、たくさんある動機のうちで、もっとも心の深いところにある意味とはどのようなものでしょうか。それは、「強い自分」、あるいは「寂しくない自分」を必死に味わおうとすることだと思います。

非行を例に考えた場合、たとえば暴走族で夜の街を走れば、周囲から怖がられる自分を感じて、自分は強いのだと実感することができます。場合によっては、まじめな同世代の子にはまねのできない蛮行をしている自分、あるいは、グループの中で役付きの自分、後輩を従える自分、警官を愚弄できる自分、見物する若者たちから憧れの対象となる自分など、いろいろな強い自分を味わうことができるのです。

人を殴るなどの場合、もっと単純明快に強い自分を味わうことができます。人を支配することで、幻想的な自己拡大感を味わっているのです。

それらは本当の強さではないのは明らかです。しかし、本人からすれば、学業成績が思わしくなかったり、同世代の子から浮いたりして、親の期待にこたえられない無力感、劣等感に悩んでいるわけです。そのように思うように活躍できない状況の中で、彼らなりの絶望感を背負い込んでいるのです。非行は、そうした中でわらをもつかむ思いで到達した打開策であるのです。幻想の中での強い自分かもしれませんが、本来の弱い、さびしい、醜い自分を認めてしまうよりは、数段元気が出てくるのです。だから、けっして立ち止まりません。困れば困るほど強行突破しようと虚勢をはっていきます。失敗すればするほど、なんとかしようとするほど、また同じようなことをしでかしてしまうのです。これはこの連載で幾度もとりあげている「背伸び」の生き方の原動力になっているのです。

援助

問題を抱えた強行突破型の人とのかかわりでいちばん大切なことは、カウンセリング技能でも、知識でもありません。彼らとかかわるその人が、彼らの横柄で自己本位な言動に怒るのではなく、その裏側にある彼らの無力感や疎外感のやりくり、すなわち強い自分、寂しくない自分を求めようとして息切れし、うめいている姿を受けとめることです。それだけで、彼らとの関係はゆっくりとしかし確実に変わっていきます。それは言外に、彼らを不用意に刺激しない配慮が生まれるようになりますし、察してあげるようなかたちで、慰めやねぎらい、賞賛の気持ちが伝わり始めるからです。

またもう一つ大切なことがあります。それは彼らに接するその人が、まず自分自身のなかにある「背伸びの息切れ」の生き方や、その根底にある「無力感、疎外感のやりくり」について自己点検をしておくということです。多くの大人にも、大なり小なり同じメカニズムが潜んでいます。しかし、そうした自分を自覚していない人は、彼らの言動が、根性のない、ダメなものにしか映りません。なぜなら自分も頑張っているのだからお前も頑張れないのはおかしいじゃないかという感覚が無意識にあるからです。ところが、いったん自分のなかにある息切れを認め、受け入れた人は、不思議なことに、彼らの姿が「けなげ」に見えてくるのです。

8 脱線する意味（2）

脱線する、本当の意味

しかし、ここでもう一つ大切な論点があります。それは、悪循環の果てに脱線するとしても、いろいろな脱線の仕方があるということです。個性があるのです。

なぜある人は粗暴な振る舞いに出て、なぜある人は性的な領域で逸脱するのか。またなぜある人は浪費し、ある人は盗むのか。このことは本章のいちばん大事な部分です。その人にとって、特定の行為こそが特別な意味を持っているからです。

それは、犯罪にしろ、ハラスメントにしろ、深刻なトラブルにしろ、それを行うその人にとっては、それが大切な適応努力になっているのだ、ということです。たとえば、傷害事件とか、暴力行為事件、恐喝事件とか、そういったぶっそうなことを、なぜ行ってしまうのか。心の深いところでは何が起きているのかを考えてみたいと思います。若者であれば、本当は学校の勉強で目立ったり、賞賛をあびれば良かった。運動だったり、趣味であったり、友人関係などで、活躍できれば良かった。しかし、そういうものがダメな中で、最後の最後に自分の無力感、劣等感を払拭するための手段として問題行動に出るのです。

ですから、人を暴力でおどしたり、実際に実力行使に出たりするのは、その場面ではその人にとっては、原始的な方法ですが、手っ取り早く「強い自分」を味わっているのです。脱線する本当の意味というのは、強い自分を味わう幻想的な体験をその人なりにする、ということなのです。たとえば、無免許運転を繰り返す若者がいたとすると、実は、バイクをがむしゃらに運転して、本当はふがいない自分をいつも感じているけれど、その運転場面では、自分は同じ歳の子たちが出来ないことをしているんだ、とか、あるいは、自分の運転テクニックは天才的だとか、そう思いながら、強い自分を味わっているのです。ただ単に感情を爆発させるのではなくて、その人なりに「バイクの無謀な運転」という方向性をきっちりと持っているわけです。

愛人を囲う人

一つ、私の面接した事例を紹介します。ある大企業の管理職が、自分の会社の金を使い込んで捕まりました。そして刑務所に受刑しました。彼は、非常に誠実で努力家で、会社に就職したときも、一般職で就職しましたけれど、持ち前の根性と能力と人望のあつさで、すごい業績をあげていくわけです。同時入社の総合職組と対等に出世していくわけです。ところが、四〇代後半になって、彼は先が見えてきたのです。とうとう同期入社の総合職の人たちには出世では勝てないことが確定的となりました。彼にとっては、自分の劣等感を埋め合わせながら、会社人としていかに成功するかが生きる一つのテーマでしたから、出世が限界に来たことは人生の危機になったわけです。彼はどうしたかというと、自覚はないけれど、そのころ時を同じくして愛人をつくったのです。だいたい企業の金の使い込みのパターンの一つに愛人に金を貢ぐという事例がありますが。彼の場合まさしくこのパターンでした。愛人といいますが、普通に考えてとても恋愛とは呼べません。これみよがしにすごい金の使い方をします。愛人にマンションを買い与えるのにも普通のマンションではなく、目が飛び出るようなマンションを買います。デートも、これでもかと金をかけ海外に行きます。すごい浪費を続けて、すぐに自分の金がなくなって、家庭の貯蓄にも手をつけるけれど、それもすぐなくなってしまいます。そして最後は会社の金に手をつけます。そしてそれがほどなく見つかって捕まります。

これは何が起きていたのかというと、自分が人生の後半戦になったときに、自分の人生が途切れてしまい、挫折感、無力感、劣等感が押し寄せてきたときに、最後の最後の手で使うのが異性なのです。女性を支配することで自分の強さ、有能さを幻想的に味わおうとするわけです。そこには生き方としての大きな問題があるわけですが、決してその人が生来の性質として、他の人より性的誘惑に弱かったり、性的な欲求が高いということではないのです。むしろ、強行突破の行き方の極端さ、男性性の問題がはらんでいるということができます。

9　脱線後

脱線後の姿

さて、脱線した後はどうでしょう。バラ色問題でも言いましたように、背伸び・強行突破の息切れで脱線した人は、それで立ち止まれません。状況が悪化するなか、それでもなんとかしようとあがき、本人は逆転満塁ホームランをねらいます。失地回復のための無謀な姿勢を強めるのです。ですから、組織が問題行動を行った人に停職処分を下したとしても、もしそれだけなら危ないことです。当人にすれば、今度こそ根性入れて強行突破しよう、なおいっそう活躍できる自分の姿を見せつけようと、バラ色の未来を描いて突っ走ります。そしていっそう崩れていく危険があります。少なくとも時間が解決する。自ら内省し軌道修正をする。そういうことはまったく期待できません。

こうした段階では当事者を監督する立場の人や組織が、対決をしなくてはなりません。それはけっして冷たいことではありません。背伸び・強行突破型の人については、このことはアウトだ、ダメだと言ってあげることが、大変治療的、教育的になるのだと思います。そして、当事者が自らの非を認めることができるよう、処分とは別に治療的措置も用意していくことが重要なのだと思います。

自己受容

本章では、問題行動について、ストレス対処の一つである「背伸び・強行突破」型に着目して考えてきました。後悔するが悩まず、バラ色の未来を思い描き、強力な悪循環にがんじがらめになっている人に、関わることは難しいことです。また例外なく、私たち一人ひとりの中にも大なり小なりこの強行突破の生き方がありますので、対岸の火事というわけにはいきません。

一番の本質的解決は、自分の弱さを自覚し、認め、それを受け入れるということにつきると思います。背伸び息切れ状態である自分を、いつも観察して、それをチェックしていけるかどうかということが大事な対策になるわけです。そして、このようなことができれば、様々な脱線は防ぐことができると思います。

こうした弱さの自覚というのは、本来クリスチャンは（浅い深いは別にして）得意な分野であるはずです。聖書では、人は神から離れたら何もできない無力な存在として描かれています。聖書の英雄たちは弱さを抱え、問題行動を繰り返す人たちです。ですから、自分の無力感を認めることは聖書の人間観につながっていきます。そして、自分のこの無力さが、特別に、そして個別に神から与えられたものであると思え、語れたら、場所は変わらなくとも、新しい風景を目にすることができるのだと思います。

光と影

最後に「光と影」の問題について触れておきたいと思います。自分の無力感を認め、それを受け入れていく生き方は実に大きいテーマですが、この「光と影」の問題はもっと深くて大きく、魂の領域のテーマと言えるかもしれません。

少し用語の問題を整理しますが、本書で「非行や犯罪」と言ったとき、その行為は法律に反したものをさしています。そして、法律問題であるとないとにかかわらず、あるべき規範から外れたものを広くさすものとして「問題行動」という言葉を使い、さらに広く「脱線」「トラブル」といった言葉も使いました。しかし牧師の問題行動や犯罪については、一般に「不祥事」と表現されることが多いと思います。この言葉には本来信頼できると言われる人が、それを裏切るようなことをしたというニュアンスが込められています。ここでは、この「不祥事」を起こした人との面接経験から話を進めます。

私の限られた経験に基づきますが、そうした人と面接をすると、偽りのクリスチャンが世を欺いて身勝手なことをしたとはとても言えないことが分かります。不祥事を起こした当人は、驚くほど真面目で、努力の人であることが多いと思います。彼らは妥協せず、聖く完全な生き方を求め、弱音をはかず、時に孤独な状況にも黙々と耐えています。彼らの姿を考察すると、本章で述べた「背伸び・強行突破型」の生き方であることには違いないのですが、それに加え、強く聖さや完全を求める生き方が共通してあるように思います。もちろん実際に行った問題行動はとても聖さや完全とは無縁で、むしろえげつなく、また当人もなぜこのような不祥事を自分が起こしたのかが分からず、目先の質問にちぐはぐに答え、そこには多少の保身も入りますので、世間一般の基準からみると「とんでもない人」と評価されます。それは、当然のことですが、面接者として割り切れない思いも残ります。

人には、光と影が同時に存在しています。それぞれが独自に存在しているのでなく、同時に存在しているのです。光が照らされているところには、必ず影もできるのです。

そして影は目立ちません。気をつけていても影はチラリとしか見えないのです。光は自分の意識している肯定的な世界と言えるでしょう。逆に影は自分が意識できていない、認めたくない否定的な世界です。光ばかりを追い求め、自分の内に深く潜んでいる影に鈍感になることは危険なことです。光の世界で多くの徳と実績を得るかもしれませんが、影を野放しにするため、あるとき影が暴走し始めることがあります。場合によっては、影に支配されてしまいます。

不祥事問題の面接では、当人の高い見識、清さや完全さを目指す強さが出てきます。私は、「それは無理な話だと思います。そんなことをクリアできる人がいるのでしょうか」と率直に感想をぶつけます。それは「光と影」のたとえで言えば、当人が光の世界を求めるばかりで、自分の影について認めないということが問題なのです。影は追い出したり、消したりすべきものではありません。自分の影を見ていくことがその人の深い成長につながっていくのです。

(注1)「背伸び・強行突破」理論ともいうべき筆者の非行・犯罪論である。以下に詳しく解説している。藤掛明『非行カウンセリング入門――背伸びと行動化を扱う心理臨床』金剛出版、二〇〇二

藤掛明『ありのままの自分を生きる――背伸びと息切れの心性を超えて』一麦出版社、二〇〇九

なお、本章は、以下の論文の骨子に準じている。

藤掛明「牧師のストレスとセクハラ」『牧師のSOSと危機対応』三七－六七頁、東京基督教大学・国際宣教センター、二〇〇八

付録　お気に入り図書

本書各章に対応する「私のお気に入りの図書」を紹介する。参考図書というより、推薦図書であり、独断で愛着のある本を挙げた。なお、絶版であっても古本がネットで購入できることを考え、排除しなかった。また単行本と文庫では文庫を、旧版と新版では新版を掲載した。お節介ながら、一般書、専門書、信仰書、神学書のジャンルを付した。

【1章】

宗像恒次『ストレス解消学――過労死・がん・慢性疾患を超えるために』小学館ライブラリー、一九九五

一般書

メンタルヘルスの名高い研究者が、日本人のライフスタイルをめぐって、多くの研究成果を紹介していく。図表も多く、巻末には二六頁にわたる「ストレスとメンタルヘルス小辞典」までついている。こうしてみると、研究資料集のようなものに思われるかもしれないが、そうならず、一般向け読み物として見事に成立している。本書は書き下ろしであるが、執筆に当たって、自らの三冊の専門書を素材にしたそうで、一般書でありながら専門書の緻密さも併せ持つ秘密もそのへんにありそうである。

本書は二部構成で、第一部では「現代日本人の健康社会学」と題して、自分のライフスタイルを振り返るために、社会的な慣習や制度の影響を検討している。家族関係の日本的ストレス、職場環境がうみだすストレス、対人援助職の燃え尽きなどを扱う。第二部では「ストレスから理解する健康と病気」と題して、ストレス問題の研究成果をひととおり紹介し、健康方策を提言する。

J・S・アブラモウィッツ『ストレス軽減ワークブック』金剛出版、二〇一四

専門書

本書はストレスを軽減させるためのワークブックである。解説と、記入用のシートやチェックリストが、多数並ぶ。いずれもさまざまなストレスに対処するための具体的な方法を提示している。詳しい。扱うトピックスも多い。認知行動療法を中心にすえ、ワークの内容や種類は緻密だ。カウンセラーがクライエントのために記入シートなどを選んで使うのだろうけれど、一人で自習することも可能。

J・E・ハガイ『思い煩いからの解放――全き平安を約束する聖書の心理学』いのちのことば社、一九九五

信仰書

「思い煩い」（ピリピ四・六）をキーワードに、聖書から対処法を読み解く。著者は心理学の教科書のようなものでなく、あくまでも聖書からのアプローチであることを強調する。が同時に、本書が健康と心理学の法則に完全に調和していると述べる。この辺のバランスとセンスが備わっている。

最初の3章が総論でその後にいろいろな提言が続く。そこには信仰的なテーマもあるし、心理学的なテーマもある。いずれも聖書の考え方や関連する記事を指摘する。

G・E・ウェストバーグ『すばらしい悲しみ――グリーフが癒される10の段階』地引網出版、二〇〇七

信仰書　一般書

原著が一九六二年に出された古典的名著。医療と宗教の双方で活躍する著者が、大切な人との死別の悲しみ（グリーフ）を語る。グリーフが癒されていくプロセスを段階ごとに解説するのであるが、聖書と心理学の双方から扱っている。簡潔な言葉によって語られていることも特徴だと思う。

ちなみにウェストバークの一〇段階は以下のとおり。

第一段階　ショック状態に陥る
第二段階　感情を表現する
第三段階　憂うつになり孤独を感じる

第四段階　悲しみが身体的な症状として表れる
第五段階　パニックに陥る
第六段階　喪失に罪責感を抱く
第七段階　怒りと恨みでいっぱいになる
第八段階　元の生活に戻ることを拒否する
第九段階　徐々に希望が湧いてくる
第一〇段階　現実を受け入れられるようになる

平山正美・斎藤友紀雄（監修）『自死遺族支援と自殺予防――キリスト教の視点から』日本キリスト教団出版局、二〇一五

信仰書　一般書

グリーフケアの世界では、自死遺族のケアが最大のテーマであり、様々なボランティア団体が熱心に活動している。本書はこの自死遺族のケアをテーマにした、キリスト教月刊誌『信徒の友』の連載記事が一冊にまとめられたもの。二〇名以上の共著であるが、寄せ集め感がない。周到に企画・取材されており、入門書にして、深さも備えている。必ずしも順番に読む必要はなく、気になる記事から読めばいい。その際、各記事に執筆の立場が、遺族、支援者、専門家、教会と明記されているが、便利である。

第一章には「自死遺族を支える」に関する記事が、第二章には「自殺予防の取り組み」に関する記事が、それぞれ一二本ずつちょうど連載二年間がおさめられている。そして第三章は全体をまとめるかのように監修者の論文が付されている。

野口祐二『物語としてのケア――ナラティブ・アプローチの世界へ』医学書院、二〇〇二

専門書

「物語」を扱うカウンセリングをナラティブ・カウンセリングと呼ぶ。神学も含め「物語（ナラティブ）」という言葉が注目を浴びている。臨床分野でこの物語の考え方と実践を解説したもの。基本書である。私は三〇代に鈴木浩二先生のもとで家族療法の実地トレーニングを受けた。毎週土曜日は朝早くから夜遅くまで家族面接とスタッフ協議をおこなった。カウンセラーとしていろいろなことを濃密に学んだ時期である。当時、「外在化技法」「リフレクティング・チーム」などを試行錯誤しながら実践していたが、ナラティブ・カウンセリングの流れのなかにいたことを、改めて思う。

藤掛明「第7章　現代人の生活とストレス」富坂キリスト教センター編『いやしから救いへ』一九一―二一五頁、新教出版社、二〇〇七

信仰書　一般書

本書編者の賀来周一先生から、非行の原稿でなく、ストレスの原稿の執筆依頼が入った。寝耳に水の話であった。しかしそれがきっかけでこの分野の勉強をするようになった。総覧的に書いたが、ストレスを考えるために、描画テストの「雨の中の私画」を比較的詳しく扱った（一九七―二〇四頁）。

【2章】

B・M・ニューマン、F・R・ニューマン『新版生涯発達心理学――エリクソンによる人間の一生とその可能性』川島書店、一九八八

専門書

エリクソンの発達理論を基盤に、各人生段階での問題をかなり具体的に論じている。誕生前の胎児期を設定していることはエリクソンにない独自のものだが、あとはエリクソンのモデルに準拠している。多くの関連研究成果を紹介しており、解説は網羅的である。研究者の基本書といえるが、ひろく一般の読者にも有益である。

P・トゥルニエ『人生の四季——発展と成熟』日本キリスト教団出版局、二〇〇七

信仰書

人生の発達を四季の移ろいになぞらえて論じる。そしてその各発達段階の意味を掘り下げる。またある段階から次の段階に移行する際の危機についてもとりあげている。各時期を描くだけでなく、人生全体の流れを描き出している。洞察が深い。著者は言う。「私がこの小冊子を著したのは、人間の生涯は絶え間ない発展の途上にあること、そして人生には誰もが必ず経なければならないさまざまな時期があって、そのそれぞれの時期ごとに神の計画が定められているのだ、ということを分かって頂きたいと思ったからです」

こども時代	春	服従を学ぶ
おとな時代	夏	自律的活動を学ぶ
老年時代	秋	断念を学ぶ

C・V・ガーキン『牧会学入門』日本キリスト教団出版局、二〇一二

神学書

牧会における配慮のあり方に「物語」論を取り入れているところに惹かれて本書を手にしたが、本書の魅力はそれだけではない。驚いたのは、第三部でエリクソンの発達理論を援用しながら世代ごとに牧会の実践上の問題を論じていることである。幼少期、思春期、壮年期、高齢期と続き、この第三部だけでも一三〇頁を超えている。

河合隼雄『中年クライシス』朝日文芸文庫、一九九六

一般書

一章ごとに一つの小説をとりあげ、一二章にわたって中年期の問題を論じていく。文芸評論でもないし、心理学の教科書でもない、不思議な魅力に満ちた書である。たとえば、山田太一の『異邦人たちとの夏』を取り上げた章では、中年男性の主人公が、すでに死別している両親と出会う。それも三〇年以上前の、亡くなったときの年齢の両親と出会ったのである。著者は、親が死んだからといっても、関係が消滅したりしない、それは意外に続いており、しかも変化していくのであると述べる。そうして魂の深みに降りていく講義が展開するのである。
このような独自の河合隼雄の話をよむと、中年期というものが重要な時期であり、人生の危機ともなるが、魅力に満ちた時期であることを教えてくれる。

藤掛明『一六時四〇分——がんになった臨床心理士のこころの記録』キリスト新聞社、二〇一二
信仰書　一般書
私ががんの告知を受けたのは、五〇歳であった。人生時計でいうなら、一六時四〇分、人生の夕暮れ時のことであった。がん患者になってはじめて分かったことなどを克明に書き留めたものである。が同時に、二律背反と統合をテーマにした人生後半戦の人生論にもなっている。

【3章】
(1) A・ラーキン『ラーキンの時間管理の法則——重要なことをより多く実行する法』実務教育出版、一九七八
一般書
(2) E・R・デイトン、T・W・エングストロム『時間の積極的な使い方——クリスチャン生活の整理と管理』いのちのことば社、一九八〇
信仰書
(3) R・コッチ『新版 人生を変える80対20の法則』CCCメディアハウス、二〇一一
一般書
優先順位に関する三冊。(1)は基本的なことがひととおり書かれている。私が優先順位と出会った本である。（2）は優先順位の聖書版。聖書の引用もあるが、本質は一般的な優先順位本である。（3）は人生からビジネスまで広範囲に優先順位の考え方を適用することの必要を説いている。このようにみると、優先順位本は、実に明快で、実際的に書かれている。

佐藤敏夫『忍耐について』日本基督教団出版局、一九七五

神学書

優先順位本は単純明快であると書いたが、忙しい人が読むのだから、そうならざるを得ないのだろう。逆に、時間論については哲学書をはじめ、深い洞察に満ちた本がたくさんある。しかし、時間に追われている人が読むには厳しいように思う。その点、本書は程よいバランスで、聖書の時間論を展開する。著者は忍耐論と呼んでいるが、「忍耐」や「高次の受動性」などを内包させた時間論として読める。

ケン・シゲマツ『忙しい人を支える賢者の生活リズム』いのちのことば社、二〇一五

信仰書

修道院の知恵に注目し、神に心を向ける習慣を作ることを提唱する。それを生活のルールと呼び、一二の領域（安息日、祈り、聖書、信仰の友、性、家族、食事・睡眠・運動、遊び、金、仕事、正義、証し）で個人独自のルールを作り、それを実行することで、神を経験できる日常生活を築く。一二の領域の洞察は秀逸である。

たとえばシゲマツ氏の生活のルールは、

＊一日を聖書と祈りで始める。
＊週に一度二四時間の安息日を取る。
＊月に一度は妻と二人でディナーに行く。
＊年に一度、メンターとそのグループと一緒に修養会に行く。

などである。

私の言葉でいうと、この生活ルールとは、個人的な儀式の創出であり、自己管理のための節目作りである（三二－三八頁、七九－八二頁）。

【4章】

藤掛明『ありのままの自分を生きる――背伸びと息切れの心性を超えて』一麦出版社、二〇〇九

信仰書

「背伸び・強行突破」の生き方とその息切れを手がかりに、第一章で「息切れを理解する」、第二章で「息切れとつきあう」、第三章で「息切れと信仰」を扱う。

とくに問題行動については、本の前半で詳しく記述している。類書では拙著の『非行カウンセリング入門』（金剛出版、二〇〇二）があるが、こちらは非行に限定し、カウンセリングの専門的立場から解説を行っている。

藤掛明『雨降りの心理学――雨が心を動かすとき』燃焼社、二〇一〇

一般書

雨の描写が印象的な小説をとりあげ、「雨」を手がかりに、様々な人生模様を読み解く。第一部では、『風雨図』『羅生門』『五重塔』などをとりあげ、いずれも雨の中を強行突破する主人公たちに注目し、その生き方を分析する。問題行動化の心理もその延長上で考察している。

吉野聡『精神科産業医が明かす職場のメンタルヘルスの正しい知識』日本法令、二〇一二

一般書

メンタルヘルス対策といったとき、その中心は「うつ」であった。しかし現場では、それにくわえ、対応が困難な問題行動型（トラブルメーカー型）の人たちの理解と対応が求められている。本書はよくある職場メンタルヘルス本の内容を持ち、その部分だけでも平易で実際的な説明に優れている。しかしそれに終わらず、最終章では、現代型（新型）うつ病やパーソナリティ障害など、問題行動化しやすい事例を「対応が困難な心の健康問題」として疾病ごとに紹介しており、参考になる。

あとがき

二〇〇三年四月。私は法務省の心理技官を辞め、民間の大学に転職しました。四三歳の決断でした。大きな環境の変化を経験しましたが、キリスト教会向けの講演はこのときに始まりました。本書は、いま眺め直すと、この一〇年少しの間に行った教会向け講演内容と重なり合うものになっています。その辺の事情を、本書の構成と対応させながら説明したいと思います。

〈ストレスと問題行動〉

講演の依頼テーマは流行のようにある時期に同じようなものが連続し、やがて新しいものに変わっていきます。教会向けの講演を開始したころに依頼を受けたテーマは、非行・犯罪カウンセリングにまつわるものでした。私は常々、非行・犯罪を「背伸び・強行突破」型の生き方の結果として捉えていましたので、これを中心に、「困った人の理解と援助」などといったタイトルで講演をしました。

また、この時期、神学校や牧師研修会などで、「困った人」の延長ということで、パーソナリティ障害や依存症をテーマとした講演もよく依頼されました。一方、それは牧師をはじめ信仰者自身の問題の理解にもあてはまり、牧師や信仰者の不祥事などをテーマにした講演の依頼も受けました。

本書の第4章はこのような講演の中で組み立てられたものです。「背伸び・強行突破」型の生き方と問題行動全般のメカニズムを取り上げています。

〈メンタルヘルスと人生の後半戦〉

そうこうするうちに、依頼テーマが「ストレス対策」に移っていきました。問題行動や不祥事は起こってしまってから対応するよりも、事前にその芽をつむこと、すなわち予防的な観点での講演が求められたのかもしれません。神学校や牧師研修会も同じで、信徒以上にこのテーマで学ぶ求めがあると感じました。本書の第1章はこのようなテーマをまとめたもので、二〇一四年度に『信徒の友』誌に連載した記事を土台にしています。

また「ストレス対策」は、同じ主催者から繰り返し依頼を受けることもありましたので、ストレスを人生の発達の軸で見直すような新たな講演も行うようになりました。「中年期危機」や「人生の後半戦を生きる」といったタイトルで行った講演がそれにあたります。本書の第2章はそうした講演内容を下敷きにしています。

〈時間の使い方〉

ここ最近は、「生活管理や時間の使い方」といったテーマで講演をするようになりました。「ストレス対策」のさらに手前にある日常生活をどうするのかというテーマでもあります。それを3章で論じました。私の生活管理論は、「儀式・生活習慣」を重視するもので、まだ構築中の部分もありますが、基本的な事柄はお伝えすることができたと思います。

このように、本書はその時期ごとに与えられたメンタルヘルスに関する知恵を私なりにまとめたものです。オーバーな言い方をすると、一〇年かけて熟成させたものですので、多少とも読者の必要に届く内容になったと思います。

最後になりましたが、話し下手な私を講演に招き続けてくださった教会や研修団体に感謝いたします。「私なりにまとめた」と言いながらも、本当のところは、講演企画者との打合せや講演当日の会場の反応など、相互作用の中で教えられ、考えさせられたことが大きかったと思います。また遅筆な私に忍耐深くつきあってくださったキリスト新聞社の友川恵多氏に感謝いたします。

二〇一六年一一月

藤掛　明

［監修者］

賀来周一（かく・しゅういち）

キリスト教カウンセリングセンター理事長。鹿児島大学、立教大学大学院、日本ルーテル神学校、米国トリニティールーテル神学校卒業。日本福音ルーテル教会牧師として、京都賀茂川、東京、札幌、武蔵野教会を牧会。その後、ルーテル学院大学教授、キリスト教カウンセリングセンター相談所長などをつとめる。

斎藤友紀雄（さいとう・ゆきお）

キリスト教カウンセリングセンター副理事長、日本いのちの電話連盟理事。東京神学大学、米ランカスター神学校に学ぶ。日本基督教団隠退教師。現在、日本いのちの電話連盟理事、日本自殺予防学会理事長、青少年健康センター会長、キリスト教カウンセリングセンター研修所長などをつとめる。1997年、自殺予防活動への社会的貢献により国際リングル賞受賞。

［著者］

藤掛　明（ふじかけ・あきら）

聖学院大学准教授。臨床心理士。博士（学術）。

牧会塾非常勤講師。日本描画テスト・描画療法学会理事、日本犯罪心理学会理事。

装画：今村麻果

装丁：桂川　潤

編集協力：森島和子

キリスト教カウンセリング講座ブックレット15〔第15回配本〕

人生の後半戦とメンタルヘルス

2016年11月25日　第１版第１刷発行

2017年９月25日　第１版第２刷発行

編　者　キリスト教カウンセリングセンター

監修者　賀来周一、斎藤友紀雄

著　者　藤　　掛　　明

発行所　キ リ ス ト 新 聞 社

〒162－0814　東京都新宿区新小川町９－１

電話03（5579）2432

URL. http://www.kirishin.com

E-Mail. support@kirishin.com

印刷所　モリモト印刷

ISBN978-4-87395-712-8　C0016（日キ販）